U0092926

生活・歷史

衣 中國傳統時尚

常淑君

現任實踐大學服裝設計學系專任講師

美國Mankato State University教育管理碩士

中國文化大學家政系畢業

沈叔儒

現任實踐大學服裝設計學系專任助理教授

美國Drexel University服裝設計碩士

淡江大學建築設計系畢業

國家圖書館出版品預行編目資料

衣：中國傳統時尚／常淑君,沈叔儒著.－－初版三刷.
－－臺北市：三民，2017
面；　公分.－－(生活・歷史)
ISBN 978-957-14-4849-7　(精裝)
1.服飾 2.中國

538.182　　97020932

© 衣
——中國傳統時尚

著作人	常淑君　沈叔儒
企劃編輯	蕭遠芬
責任編輯	蕭遠芬
美術設計	李唯綸
發行人	劉振強
著作財產權人	三民書局股份有限公司
發行所	三民書局股份有限公司
	地址　臺北市復興北路386號
	電話　(02)25006600
	郵撥帳號　0009998-5
門市部	(復北店)臺北市復興北路386號
	(重南店)臺北市重慶南路一段61號
出版日期	初版一刷　2009年1月
	初版三刷　2017年5月
編號	S 630261

行政院新聞局登記證局版臺業字第〇二〇〇號

ISBN　978-957-14-4849-7　(精裝)

http://www.sanmin.com.tw　三民網路書店

自　序

當經濟不景氣時，人們總會縮衣節食的過生活，而第一個減少消費的往往就是購買新衣服的支出。因此，常常會有人感嘆服裝是傳統工業也是夕陽工業，再待在服裝產業裡是前途堪憂的。從考古學來看，有萬年前的織物出土；從有文字記載的歷史來看，人類穿衣服也有四、五千年的時光。相信未來的數百年間，人們還是會每天穿衣服的。所以，服裝不但不是消失中的夕陽工業，更會前所未有的蓬勃發展。因為，時尚把我們帶到服裝已經不是生活的必需品，而是流行的消耗品，汰舊換新是以「當紅」或「過氣」為基準。

相較於西方的服飾在風格款式上因應時代的變遷，有著明顯不同的變化。中國歷代服裝隱含有一脈相傳的堅持，這也是與西方服裝最大的區別。然而，再細細的檢視每個朝代的差異性，卻也發現各有其不可錯認的特色。在封建時代的社會裡，服裝的穿著也表現社會的階級制度，自有一套人人必須遵守的禮儀制度：長幼有序、男女有別、貴賤有分。對現代人來說，這其實是很不可思議的事。我們現在中性服飾大行其道，一件T恤、一件牛仔褲從三個月大到九十九歲，無論男女老少、貧富貴賤、燕瘦環肥人人可穿。

研究古代服飾，我們只能從文獻記載、出土文物、歷代流傳的畫作與少數近代保存完好的實物中來認知。可是，無論多努力總是會有隔靴搔癢的遺憾，因為無法回到過去的光景，親身體驗身穿「窄羅衫子薄羅裙」、手執「輕羅小扇撲流螢」的生活情趣。感謝三民書局給我們這次機會，能夠有系統的整理出歷代中國服飾的精髓，除了教學相長以外，也讓自己對古代中國服飾有更進一步的認識。同時，衷心的感謝編輯部耐心的提供意見、修改與等待。最後，我們更期待本書能得到關心中國服飾的興趣者與學者專家的批評指教。

常淑君

沈淑儒

衣 中國傳統時尚

目次

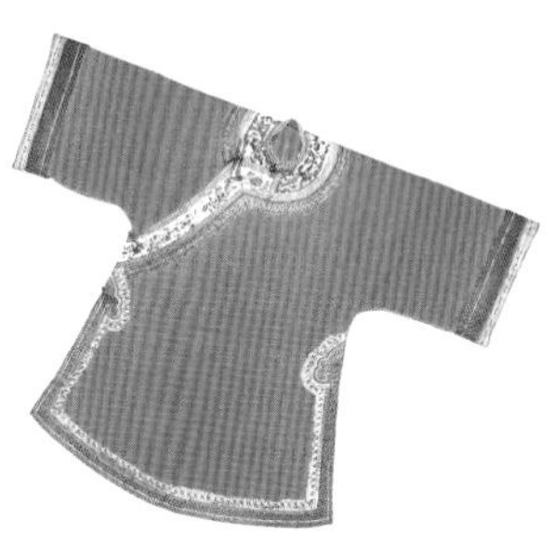

華夏時尚五千年

冠冕堂皇話從頭

雲想衣裳花想容

羅襪繡鞋隨步沒

衣

華夏時尚五千年

「為什麼人們要穿衣服?」這是個引起心理學、社會學、經濟學、人類學、政治學以及藝術史學上學者們所關注的問題，雖然沒有確切的定論，人們卻已建立數千年的衣飾穿著文化。衣服就像人們的第二層肌膚，可以保護身體、增加裝飾與美觀、激發感官意識。同時每個人在穿著所透露的訊息，不僅僅是外表的裝扮與美觀，實際上也代表在社會上的身分與地位。然而在歷史的任何時期，都會產生許多不同風格的服裝。但是，並非每個人都會「趕上流行」。無論何種款式的衣服，於當時的社會中含有何種不同的意義，都是當時社會情境下的產物。

關於衣服的起源雖是眾說紛紜，從考古學家到哲學家們，以各方面來闡述並提出各種論點。如果排除相關服裝起源的附加因素，由遠古到現今的衣服款式可簡化為五種基本形態：

1. 圍裹式服裝：

這是衣服最早的原形，以一片式的皮革或布料包裹住身體。幾乎是全世界最原始的共通服裝，即使到當今仍可在少數的民族部落裡發現。其最大的特色是，服裝幾乎沒有裁剪與縫合的線條。

2. 套入式服裝：

整件衣服也是由一片布所構成，與圍裹式最大不同之處，在於頸部有挖洞的處理，方便穿著者從頭部套入。猶如斗篷狀般從肩膀下垂的「掛」在身體上。

3. 閉襟式服裝：

最初具有剪裁形式的衣服，是由數片長寬不等的布料裁片組合而成。以圓筒狀包裹住身體，同時有合身的窄袖連接衣身，且在腋下或袖襱處扣合。

4. 開襟式服裝：

這類衣服是現代化服裝剪接與縫製的原型。由數片寬度不等的裁片在長向縫合的衣服，可穿著在其他衣服的外面，並以前中心為主要扣合之處。

5. 合身褲裝式服裝：

本形態也是現代化服裝的雛型，是現今世界流通最廣泛的衣服形態。其剪裁製作方式可以服貼身體的輪廓與曲線，特別是可以分別圍裹兩腿而具有褲裝的樣式。

幾乎所有的衣服款式，都是以上五種基本形態在造型上設計組合與變化而來的。也許在衣服穿著的本質上，東、西方世界並無太大的不同。但是，東西兩方在個別服裝款式的發展上，卻導引出迥然相異的衣飾風格體系。二十世紀末在全球經濟的重組中，中國大陸的崛起震撼世界。時尚的潮流趨勢裡，中國風再度廣泛的流行。當代知名的服裝設計師與品牌，紛紛設計中國風的服飾。即使是好萊塢的迪士尼 (Disney) 卡通片，也趕搭中國風的列車推出「木蘭」的動畫片。

雖然，當今人們穿著最廣泛的衣服，是來自西方歷代服飾演變的結果。然而了解華夏時尚的轉變與精髓，卻是在全球化同一性的芸芸眾生中，尋求自我獨特性與創意的必經途徑。

文明初綻——殷商

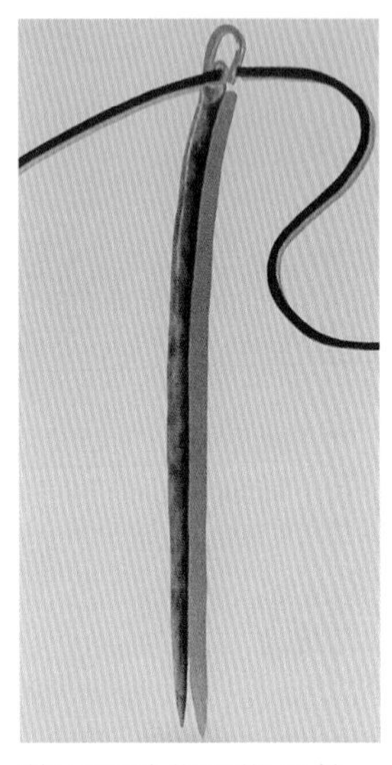
舊石器時代晚期骨針
距今約一萬八千年前，於北京周口店龍骨山的山頂洞人文化遺址出土；此外伴隨出土的還有穿孔獸牙、海貝及石珠等。由出土的實物可知史前人類已具有縫紉技術，穿著獸皮衣並有以飾物裝身的審美觀。

依據中國史籍文獻的記載，上古渾沌之初，人類過著茹毛飲血、衣皮帶羽的原始生活。而後在三皇五帝的伏羲氏、神農氏及黃帝時代，開始有「化蠶桑為繐帛，給其衣服」、「教以植穀，導以紡織」、「男耕而食，婦織而衣」、「教民育蠶，治絲繭以供衣服」、「黃帝、堯、舜，垂衣裳而天下治」等傳說中服飾文化的現象。

根據出土實物的考古，舊石器時代晚期的北京周口店山頂洞遺址發掘出一枚骨針，可推知一萬八千年前的山頂洞人已經有用骨針縫紉的獸皮衣。進入新石器時代以後，出現了農業和製陶工藝，開始定居的生活。從各地遺址出土的各式紡織工具來看，例如，河姆渡文化出土有紡輪、骨梭等，說明當時可能已有原始織布機。半坡文化出土的陶器上帶有麻布或平紋編織物的印痕，良渚文化出土有絲麻織物等，知道當時已有大麻、苧麻、葛布等原始紡織品，其中已知有平紋、斜紋、糾經（為經紗互相絞纏後呈網狀孔眼，質地輕薄的絲織物）等織布技術。另外從浙江省吳興縣錢山漾出土苧麻織物殘片、麻繩及絹、絲帶與絲線等，及山西省夏縣西陰村的新石器晚期彩陶遺址中，曾出土半個人工切割的家蠶繭，也可得知早在五千年前人們就已開始養蠶治絲，織造絲帛了。

由上述各地出土的紡織品殘片，可知史前時代的先民縫製衣服的進化過程。從最早僅將獸皮綁紮在身上，接著利用骨針把獸皮簡單的縫合，做成最原始的衣服款式。再來隨著農業社會的形成，及紡車、紡輪等紡織工具與技術的進步，人們使用麻、葛、絲等紡織品所製成的衣服。因此，我們便能了解先民對服飾形成、纖維加工、紡紗織布等高超能力。

時至殷商，商人把史前文化總合而建立了人類文化史上的新帝國。自商代殷墟出土的象形甲骨文中，與紡織有關的文字有桑、蠶、絲、麻、帛、裘、衣、巾等，透過這些甲骨文字，如桑、蠶、絲、麻等可知商代織品材料的種類；由帛、裘可知其紡織技術的發展；從衣、巾等字則可知衣飾服裝的形式。另外從出土銅器上黏附的絲織品殘跡，已知商朝的絲織品有紗、縠ㄏㄨˊ、絹、羅等，織出平紋及斜紋組織結構。另外還有提花絲織物的出現，是一種在平紋底組織上浮以斜紋顯花紋的技術。這說明商代已有提花織機，標誌中國的絲織工藝進入一個新的階段。

商朝的一般貴族多戴巾帽，有向後卷曲的高冠、羽冠、尖頂帽、平頂帽（或稱帽箍）或在平頂帽上加飾卷筒形帽飾並在上面繪繡有幾何圖案。男女皆在頭上插有髮笄，男性用單笄，女性用雙笄對插。

商朝雕刻玉人　玉人穿著典型的商朝服飾。頭髮盤繞在頭上，前面有卷筒裝飾固定頭髮的帽箍。衣服為交領、狹窄的袖子、合身的剪裁，腰間配上寬腰帶；服裝上有三角回紋與雙鉤雲紋的裝飾。

髮笄用玉或獸骨製成，笄首刻有鳥紋呈丱形。男性多挽髮成辮，有的是總髮至頂再編成一條辮子垂至腦後，或將編成的辮子盤繞在頭頂。此外男性也披髮，有的是左右兩鬢垂髮，髮梢向外加工卷曲如蠍子尾部上翹的造型，或將頭髮剪齊垂至頸後的式樣；女性也梳髮梢卷曲垂肩的髮式。

在商朝以前，上衣就有領口衣身交錯重疊的交領出現，縫製穿著的方式是在整塊獸皮的中間挖個領口，前身片開口，穿著時以皮革或藤條在腰間繫綁固定。後來領口逐漸發展成交領、右衽，即穿著者的衣身前左片蓋在前右片之上，衣衽向右傾斜。因此商朝的上衣或袍服是交領、右衽，袖子是窄小的筒袖，上衣的長度在膝蓋上下，而袍的衣長不及足踝；服裝輪廓線呈 A 字形的上窄下寬，因此衣身以緊窄為主，以便活動。裳前有一斧形的韍，腰間束有寬腰帶，

紂王夜飲圖　後人參考了殷商時期的髮型、服飾、飲宴器具，描繪了這幅紂王笙歌達旦的奢華想像圖。圖中男士們頭戴尖頂帽或頭上插有髮笄，身穿上衣下裳，領口、袖口及衣襬皆有織繡圖紋的鑲邊裝飾；女士也插上髮笄或戴上向後卷曲的高冠裝飾，穿著交領、右衽的袍服。

並配上玉佩，穿著翹尖鞋。領、袖、衣襬的緄邊與腰帶上皆有織紋或繡紋，圖紋有雲雷紋、連續矩紋、山形紋、獸面紋（或稱饕餮紋）、虺龍紋或零散不規則的雙鉤雲紋。冬天氣候寒冷時，就在外面加穿各種獸皮作成的皮裘。奴隸的衣服較為粗劣，穿圓領小袖的短衣或袍服，服裝上無任何裝飾。

中國古代的基本服裝款式有「上衣下裳」的形制，及一件式的「袍」制。上衣下裳是指穿在上身的齊膝短上衣與穿在下身的裳，為兩件式的服裝，是周代至明代的男子禮服之一。例如歷代皇帝所穿的冕服，就是上衣下裳兩件式的造形。而袍的衣長由肩部至足踝，上下通裁而腰圍處無剪接，為男女通用的衣服。無論是上衣下裳或是袍的形態而言，可發現中國傳統服裝的共同特徵有：

1. 衣身寬敞，袖子寬博：傳統正式禮服的袖子趨於寬大，而百姓日常工作時的衣服，則採用緊窄的袖管。

2. 衣領與頸部緊密的接合：無論上衣或長袍的領圍線皆緊靠著頸部，或者裡面加穿一件護領貼近頸部。歷代中僅有唐代的婦女服式受胡服的影響，領圍開口較大而敞開。

3. 衣服前襟的左右前身重疊且開口在右衣身：上衣的前襟，自左向右被覆胸部而交疊，直達於右腋下，即所謂的右衽。

4. 領、袖及衣襬有鑲緄邊：中式服裝因構成簡潔，故常於衣服邊緣加以鑲緄處理，作為裝飾效果或加強堅牢度，以後成為歷代服飾發展上的重要特徵。

5. 前後肩部無肩剪接線：中式服裝無肩斜處理，無論何種衣服皆為前後肩線連裁無接縫線，因此手臂的活動自如且機能性良好。

6. 衣身前後中心有剪接線：因布幅寬度與領肩關係，中式服裝的前後中心必有接縫，並且用以象徵為人處事的公正無私或中庸之道。

7. 衣服的構成以直線為主：多數的衣服款式為直筒式，構成線簡捷多為直線組合，而少有剪接及打褶立體的處理，所以中式服裝少有合身的式樣。

8. 腰必束帶：因中式服裝的衣身都很寬大，所以用腰帶調整或固定。

古典與創新——周朝

周朝是中國古文明發展的全盛時期，對後世的物質、精神文明的演變在歷史上有著舉足輕重的影響。西周時期農業生產規模很大，男耕女織是農業社會生產的基本模式，以婦女為主的家庭紡織遍及全國。由於飼養家蠶十分的普遍，所以絲織工藝更為發達。而麻織品的技術也有高度的發展，有些織品非常精細，可與絲帛媲美。春秋戰國是中國古代史上變動最劇烈的時期，各個諸侯國為爭當霸主，不斷進行改革為求富國強兵，造成經濟的變動。為鼓勵農業生產的增進，間接也促進紡織業的繁榮。由當時的古墓出土的繒ㄗㄥ、帛、綃ㄒㄧㄠ、紗、縠、絹、紈ㄨㄢˊ、綈ㄊㄧˊ、縞ㄍㄠˇ、綺、羅、錦、組、絛與大量刺繡等，可看出戰國時期的絲織品更加精美並具有一定的規模。其中的織法變化多樣，色彩、圖紋各異，有幾何紋、動物紋、歌舞人物紋，都充分反映當時絲織生產技術的高度成就。

周代的文化制度皆仿襲商代的封建制度，因此產生階級劃分的觀念，社會階級分為貴族（分為王與公、侯、伯、子、男、卿、大夫）、士、平民與奴隸等階層。由天子至平民，都需受禮制的約束，不得逾越，因此服飾也被納入維護封建社會與宗法制度的禮儀規範。

「服以旌禮」，依禮著服、等級有序、貴賤有別，由此可知禮制與等級是周代冠服制度的特徵，故自周代開始國家正式體制的冠服制度以臻於完備。

周代貴族的吉服（禮服）有六種冕服及三種弁服。冕服的穿著使用，會依地位、階級的高低而有不同。弁服則依不同場合變換，貴族們皆可穿用。冕服可作為祭服，祭祀上帝、祖先及各路神祇時穿著。冕服細分為大裘冕服、袞冕服、鷩ㄅㄧˋ冕服、毳ㄘㄨㄟˋ冕服、絺ㄔ冕服、玄冕服等六種；弁服也可作朝服，在處理朝政、狩獵時所穿著。弁服有韋弁服、皮弁服、冠弁服等。冕服包括頭戴玄色冕冠，身穿玄衣、纁（即赤色）裳，繫上絲質腰帶，腰部垂有赤韍遮在膝前，再

袞冕圖　為周代貴族的吉服。穿著袞冕服時，頭戴垂有十二條以白玉裝飾的冕冠；身穿玄衣纁裳，衣裳上裝飾刺繡的服章；腳上穿著赤色的舄，並繫上素帶、赤韍及雙佩等附飾品。

冕服的十二章　日、月、星辰表示照明無私、山表鎮定、龍為神奇變化、華蟲（雉）為文采華美、宗彝表孝道、藻是文采清潔、火為照耀光輝、粉米意指養民、黼是決斷、黻則是表示臣民背惡向善。

掛上雙佩，足穿赤舄的整套服飾。在冕服衣裳上裝飾刺繡有圖紋，當時稱為服章，有龍、山、華蟲、火、宗彝、藻、粉米、黼、黻等九種圖案。弁服包括弁冠，上衣用皮革或麻布製成，下著白色絲織品的素裳，另外也有腰帶、韍、雙佩及屨的整套服飾。

王后的吉服有三翟及三衣，三翟可作為祭服，即褘(ㄏㄨㄟ)衣、褕翟、闕翟等。三衣可作朝服，有鞠衣、展衣、褖(ㄊㄨㄢˋ)衣等。褘衣的頭飾有步搖及耳飾，身穿玄色袍服，並且在袍上刺繡十二個翬鳥的圖紋，翬鳥羽毛以五彩來裝飾。褕翟與闕翟的袍上也都是各自繡有十二個翟鳥的圖紋，但是袍的顏色不同，褕翟為青色、闕翟為赤色。王后貴婦在養育蠶蛹的時候穿黃色的鞠衣，宴客的時候穿白色的展衣，家居時穿黑色的褖衣，這三種袍服上沒有任何圖紋裝飾。

中國古代的服裝形式，除了商朝已流行「上衣下裳」制與「袍」制的二種類型以外，還有第三種是上下分裁、衣裳連屬的「深衣」制。深衣開始於周朝，然後一直流行到明代。無論男女老幼、貧富貴賤、文官武將都以深衣為流行的時尚，用途十分廣泛，可用作禮服或家常服。深衣的基本款式是上衣下裳分裁再縫合而連成一體的連身衣，造型特徵是方領、右衽，袖下是半圓弧型，同時領口、袖口與下襬都有緣邊裝飾，穿著時要加上寬腰帶。

春秋戰國時期由於各國地理氣候的差異、文化思想多

褘衣圖　為周代王后的吉服，王后穿著褘衣時，髮上裝飾有副，即步搖頭飾，並戴上耳飾；身穿玄色的袍服，衣服上有十二隻的翬鳥圖紋裝飾，衣領、袖口有黃色的緄邊。

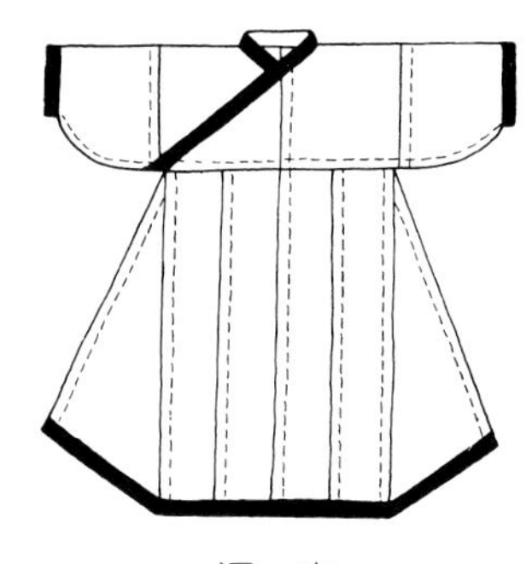

深　衣

元的變化，加以各地奢儉風尚的不同，因此服飾的發展具有一定的地域性、多樣化。如儒家主張「憲章文武」、「約之以禮」、「文質彬彬」，以西周的禮制為服飾的準繩；道家提出「被褐懷玉」、「甘其食、美其服」，強調應以渾然天成，素樸自然為服飾的審美觀；墨家倡導節用、尚用，反對拘泥於繁禮縟節，認為「衣必常暖，然後求麗」；荀子強調尊卑等級的制度，「冠弁衣裳，黼黻文章，雕琢刻鏤，皆有等差」；而《墨子》一書中也記載齊桓公的「高冠博帶」，晉文公的「大布之衣，牂羊之裘，韋以帶劍」，楚莊王的「鮮冠組纓，縫衣博

戰國時期銅人　左邊的銅人頭上戴巾，身穿右衽矩領窄袖長袍，腰間繫上腰帶，造型簡單俐落。右邊的銅人頭上繫紮髮帶，穿右衽交領繞襟袍，袖口寬大，繫上腰帶。兩尊銅人的領口造型與袖口寬窄即有很大的不同。

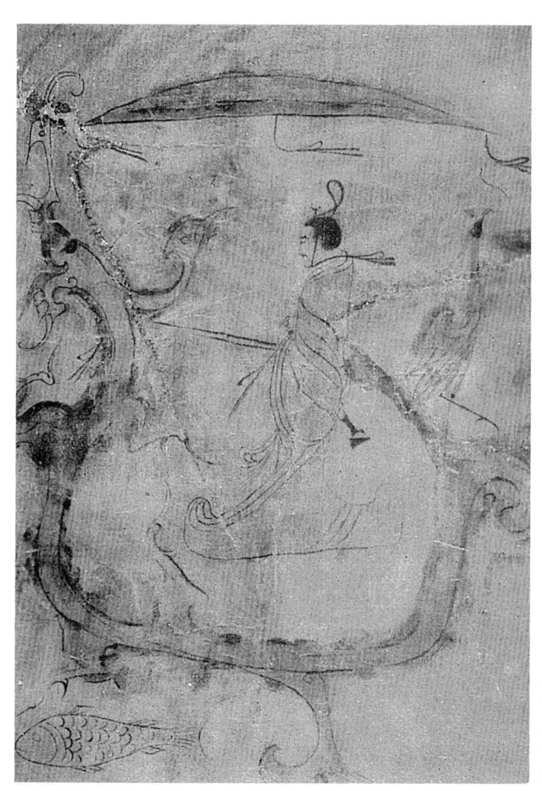

戰國時期的帛畫　這種帛畫又稱為「明旌」，是用來識別死者的儀具，所以畫中人即為死者本人的肖像。頭戴高冠長纓，服裝的款式寬鬆，袖子寬大，衣服用腰帶固定並且佩戴短劍，是戰國時期的流行穿著。

袍」，越王句踐「剪髮文身」；及《史記》中記載齊國孟嘗君「有一狐白裘，直千金，天下無雙」，楚國春申君三千食客中的上客皆著珠履等各式各樣的衣冠，皆可說明此一時期的服飾風格是各行其好，展現服飾掙脫周禮束縛後的多元化。

此外，由於中國華夏諸國與蠻夷戎狄部族的文化有別，在《論語》中曾記述「微管仲，吾其被髮左衽矣！」因此服飾的差異性，仍是華夏與四夷之別的重要標誌。因此趙武靈王（西元前 340～295 年）

的改易胡服，乃是戰國時期服飾重大的變革。胡人原本是指邊疆土著的部族而言，趙國地處強權爭霸的中原，與遊牧民族相鄰，常受其騎兵侵擾，正面臨滅亡的危機。西元前 307 年，趙武靈王採用「胡服騎射」的制度，率先穿上胡服，並下令將軍、大夫都穿著胡服，模仿胡人的騎兵戰術。胡服的特徵是上身衣袖短窄、緊身適體，下身著褲，腰部用帶鉤繫帶，足穿革靴。此種裝束便於騎射征戰，應是當時遊牧民族的服飾。而胡服騎射的政策，不僅為適應作戰的需要，更便於百姓的生產活動。因此胡服的優越性日益被重視，促使中國的漢民族與邊疆少數民族的文化融合與發展。

一統天下——秦朝

秦始皇的一統大業，除了兼併六國，統一社會、律法制度以外，也對衣冠服飾的穿著加以改革與創新。秦始皇廢除周代的六種冕服，祭祀改用「袀玄」禮服，袀玄為玄衣絳裳，近似周代的玄冕服。從此之後，冕服成為中國帝王傳統的祭祀禮服，一直流行到明朝末年為止。秦始皇以通天冠服作為皇帝的家常服，通天冠為鐵製梁柱並微向後彎，冠頂向後卷曲成筒狀的設計，其後的漢朝、魏朝、晉朝、唐朝、宋朝等時代皆仿襲佩戴通天冠。

梁武帝半身像　梁武帝頭戴通天冠。秦始皇時創立通天冠，作為皇帝的常服。通天冠高九寸，冠上的梁柱微向後傾，並向下卷曲。冠前有黃金作成山狀的飾物，稱為金博山。

秦始皇喜好神仙之術以求長生不老，常穿著象徵神仙的服飾。規定宮人要梳仙髻，上面裝飾五色花瓣並且畫上雲鳳虎飛升的圖案。宮中服飾還有芙蓉冠，冠子是以碧羅縫製而成的而且上面插有五彩的通草花，身穿淺黃色的羅衣；或要宮女戴蟬冠，冠子以輕紗作成並戴在用黃羅裹住的髮髻上方。

一般的平民百姓束髮髻或頭戴巾子、小帽或斗笠，

秦代跪坐女陶俑　陶俑的頭髮中分腦後梳成髮髻，身穿右衽交領、直筒袖的長袍，造型簡單俐落，為秦代民間婦女的裝扮。

服裝則是交領、衣服長度到膝蓋左右、袖子窄小、繫腰帶的上衣款式，腳穿靴子或光腳赤足。而依據當時的規定，百姓衣服的顏色只能是麻布的原色，直到西漢末年百姓才可以穿青綠色的衣服。

西元 1974 年在陝西省秦始皇陵的兵馬俑坑，出土了大量與真馬、真人尺寸相似的陶馬、陶俑與兵器、戰車等。士兵的神情肅穆威武凜然，車馬的陣仗浩大排列有序，整個軍隊的氣勢磅礴宏偉壯觀。陶俑的髮式裝束、冑甲服飾依兵種職務不同，外型也迥然有異。出土陶俑的造型依兵種區分，有步兵、騎兵、車兵等，依職務區分為高級將軍俑、中級與下級的軍吏俑及一般武士俑等。

秦始皇陵一號兵馬俑坑　面積達 14260 平方公尺，有陶俑、陶馬六千餘件。陶俑一般高度為 180 公分左右，排列井然有序，展現非凡氣勢。

秦兵馬俑　此一將軍俑頭戴雙尾鶡冠，身穿長襦披甲，具有大將軍的威嚴。秦始皇陵的兵馬俑數量龐大，但個個衣裝、神態皆不同。

秦兵馬俑　秦始皇陵出土的武士俑髮式。髮型的變化很多，此款髮式由左側、右側及髮根處，分別編結成三綹髮辮並在後腦匯集，與餘髮梳向右側頭頂綰結成圓形髮髻。

秦俑將士們的髮式變化很多，大致可分為圓髻與扁髻。圓髻是將部分頭髮編成辮子再匯集餘髮往上梳成圓錐形的髮髻，綰置於頭頂右側或左側方。而扁髻則是將全部頭髮編成板形髮辮，再反摺到腦後成扁平摺疊的形狀，方便於戴上冠帽。秦俑的冠式有五款變化，分為幘、皮弁（或稱圓頂皮帽，戴在扁髻上）、長冠、雙版長冠及雙尾鶡冠等。為便於騎射征戰的需要，兵馬俑上身都穿著交領右衽、窄袖、衣長及膝的襦，下著短褲或長褲，有的腰束革帶，腿上紮縛護腿布，腳上穿方口齊頭的翹尖履或是靴子。有的外披戰甲，依職務需求的不同，甲衣的造型也各有變化。秦兵馬俑不僅是容貌神態生動逼真栩栩如生，服飾造型具體完整細膩如真，更為秦代消逝的文化做了最好的見證。

大漢盛世——漢朝

漢朝是中國歷史上一個輝煌的時代，社會經濟全面的發展，其中紡織業發達繁榮，從中央到地方政府都設有專門的官員管理生產，除了官營紡織業外，也有私人經營的作坊，家家戶戶都從事紡績（紡紗與緝麻）。漢武帝曾兩次派遣張騫出使西域，藉由絲綢之路，使中國絲織工藝傳入西亞及歐洲各地。絲路的開通與絲織品外傳，也促進漢代絲織生產的發展。從各地漢墓出土的精美織物可看出漢代染織技術水準很高。最著名的是湖南省長沙市東郊馬王堆一號漢墓，墓主是西漢長沙國丞相利倉夫人辛追。墓中隨葬大量完整的絲織品，有衣、衾及織繡疋料等。其中絲織的品類有紗、縠、絹、縑、縵、紈、綺、羅、錦及刺繡印花等，如同打開一座漢代的絲綢之庫。墓中出土一件領口與袖口鑲絳錦邊的素紗上衣，總重僅 49 公克（不到一兩重），質地輕薄舉之若無，其製作技巧已達相當高的水準。

西漢素紗上衣　也稱為襌衣，馬王堆一號墓出土的絲質上衣，全衣重量僅 49 公克，可見其絲織技術之高超。

為了提倡簡樸、重農抑商，漢高祖八年時，曾頒佈服裝的禁令：「爵非公乘以上，毋得冠劉氏冠。賈人毋得衣錦、繡、綾、穀、綺、紵、罽[ㄐㄧˋ]」，意思就是至少要配有公務車的爵位者才能佩戴劉氏冠，劉氏冠原為劉邦在秦朝時期當亭長所戴的長冠；此外商人不可以穿著豪華的絲織、麻與毛布料的衣服。到漢文帝時，因為崇尚簡樸，平時居家生活大多穿著黑色且沒有紋繡的厚帛，稱為「弋綈[ㄊㄧˊ]」；更規定宮中的朝服須縮短長度離地三寸。然而隨著政治社會的安定與

西漢馬王堆出土帛畫　此帛畫亦為「明旌」，圖中軑侯夫人頭簪步搖，內著紅橙色中衣，外穿交領右衽、寬衣博袖的繞襟袍，領口、袖口有錦邊裝飾，衣上佈滿刺繡的流雲紋，流雲紋是漢代的流行圖案。

經濟發展繁榮，及與西域各民族間的交流日益廣泛，使得紡織品產量不斷的增加，服飾文化高度發展，整個社會風尚發生變化逐漸由儉省轉向豪奢，裝飾打扮上變得日趨華麗奢侈，到東漢晚期就形成奢華的極致。例如東漢末順帝時的宰相梁冀與妻子孫壽，平日生活豪奢講究排場，服飾喜愛標新立異，發明愁眉、泣妝、梳墮馬髻等新奇的化妝法，當時稱為梁氏新妝。

漢代天子與貴族的祭服，採用仿自周代的冕服與秦代的長冠等服飾，朝服比較常見的有文官的進賢冠服、武官的武冠服、法官的法冠服等，祭服與朝服都採用上衣下裳的型制。皇后的祭服改穿謁廟服替代周代的褘衣，謁廟服是衣裳分裁再縫合，採深衣制的禮服，上衣為紺色（青赤色）與皂色（紫黑色）的下裳連在一起，衣領、袖口及衣裾以絲帶緄邊作裝飾。祭服的頭飾用簂，就是用黑色犛牛的尾毛或馬尾毛製成的假髮頭飾，覆罩在髮髻上。再以玳瑁簪橫插固定簂，髮上裝飾珍珠步搖，戴上珍珠耳飾。

西漢時期的加彩女陶俑　女陶俑的髮型中分後，再向後全部梳攏讓髮髻下垂。外衣為交領，領口較低，露出裡面衣服的層層領子。袖形為琵琶袖，而衣服的下襬向外呈喇叭形的展開。

一般的平民百姓不能帶冠，而以巾裹頭或戴小帽，身穿深衣、長袍或襦、褲等。襦的衣長較短，約在膝蓋以上的長度，為方領交疊、窄袖的上衣。漢朝的褲子最初只有褲管套在腿上，用繫帶固定在腰部，後來有褲襠的褲子才流行起來。婦女日常穿襦裙或短袍。早在戰國時期婦女就穿著上襦下裙的式樣，漢代沿習下來作為婦女的常服。

秦漢時期的男女大多都穿袍服，袍服為交領右衽，交疊的領口開得很低以便露出裡面層層的衣領，如穿三件衣服露出三層領子，當時稱為「三重衣」。又依袍服的衣裾下襬形狀，可分為曲裾袍與直裾袍。曲裾袍袖子有寬有窄，袖口有滾邊的裝飾，衣服緊窄合身，衣身長度到地面，而且後裾特別拉長拖曳，又有「曳裾袍」的稱呼，所以行走時不會露出腳部，衣身略呈 A 字形向外喇叭狀的展開。如果將曲裾袍的前身左片衣襟加長延伸，加長後的衣襟與衣裾形成三角形，穿著時將多餘的三角形衣襟繞到背後再轉繞到前身，用腰帶紮緊腰身，此種曲裾袍又稱為「繞襟袍」。在馬王堆一號漢墓出土的女服，大多是此種款式。西漢的直裾袍又稱為襜ㄔㄢ褕，不能作為正式的禮服穿著。

民族融合——魏晉南北朝

東漢末年時，政治衰亂民生凋蔽，而赤壁之戰形成魏蜀吳三國鼎立的局面。司馬炎篡魏，建立短暫而統一的晉朝。五胡亂華造成南北朝的分裂與對立。直到西元 589 年隋文帝統一天下結束長期紛亂的局面。在魏晉南北朝三百多年的期間，政治動盪不安、經濟分崩離析，讓社會文化產生劇變。

北魏官人俑　圖中二人一為高顱深目的胡人，一為扁鼻細目的漢人，二人皆著袴褶，顯示當時胡漢融合的時代特色。

當魏晉王室內部紛爭奪權時，讓邊境的匈奴、鮮卑、羯、氐、羌等少數民族有機可乘，先後入侵遷徙中國。在胡族與漢族的生活錯居交流下，形成異質文化融合與互相影響，使服裝發展趨於新生與轉移。胡人在建立政權的初期，仍然按照原有的習俗穿著，但是日後接受漢族的文化影響下，也慢慢滲雜漢族服飾的特質，開始穿著漢族服飾。最具有代表性的是北魏孝文帝的漢化政策，推行禁胡服、斷北語等改制，孝文帝率先穿著冕服，並規定百官穿漢人朝服。接下來的北齊、北周等胡人政權也都仿行周漢時代的冠服制度。

同時期漢族也接受胡服形制的衣服，如左衽緊身窄袖的衣服外，還流行穿著袴褶與裲襠。袴褶原是北方少數民族的朝服，上身為衣長及膝的窄袖褶衣，下身是褲管寬鬆的長褲，並在膝蓋處以繩帶繫緊，再以皮帶束腰。日後廣為漢族所採用，成為漢人流行的常服，並改為大袖的款式。裲襠穿在袴褶的外面，前身一片當胸，後身一片當背，並在肩上以帶連結，類似背心式的服飾。此外受到西域絲路與西方世界交流的影響，魏晉南北朝時期大量使用毛織品，因而毛織物產量顯著增加，原來衣服的邊飾大多用錦、繡等材料，在魏晉時期就改用毛皮等織物。

由於魏晉時期的政權動亂不安、民不聊生，故而衍生出消極出世、逃避現實的思想，繼而想追求精神上的安定與寄託，導致佛教、道教大行其道。此時社會上又盛行清談之風與玄學思想，無視於禮法的拘束而放蕩不羈。在這些社會文化影響下，文人雅士的服飾風尚就表現出隨意適性、灑脫飄逸的風格，

竹林七賢畫像磚　歷史上稱西晉的山濤、阮籍、嵇康、向秀、劉伶、阮咸、王戎七人，常集於竹林之下，不拘禮俗，肆意酣暢，世稱竹林七賢。圖中七人大多穿著袒胸低領的寬衫。

反映在服飾上是大型的袖子、寬敞的衣衫與博帶為主。從南京西善橋出土的竹林七賢畫像磚，可看出七位清談名士，穿著方領、衣襟低敞，大袖、衣身寬博的衣衫，並袒露胸膛的形象，直到南朝時期仍為各階層的男性所喜好。

東漢末期男士開始佩戴巾幘，雖然到了魏晉時期仍然流行裹巾，然而幘的造型在外觀上有了一些改變。首先在幘的後面部位加高，頂部斜面橫插簪子固定，並縮小幘的體積變成小冠的造型，若在小冠外再罩戴平頂黑漆細紗製成的紗冠，一起合稱為漆紗籠冠，此種冠式在南北朝時期非常流行，男女皆用。

此時期婦女的髮式逐漸趨向於高大，並喜愛借用假髮綰成高髻或頭套，裝扮成奇特誇張的造型，稱為假髻或假頭。當時著名的髮型有靈蛇髻，就是將頭髮梳至頂部後，再盤成數個如蛇狀糾結的髮髻造型；或受佛教影響在髮頂梳成雙圓鬟直聳上豎的飛天髻。婦女的服裝有衫、襦、裙等。衫為單層無裡布的上衣，若為寬袖的設計又可稱為大袖衫。衫、襦的領型除了方領以外，前身開口也有對襟不交疊的設計。

婦女的整體服飾風格受魏晉時期的流行風氣影響，形成上身短而儉約、下身長又華麗的原則，並強調腰部曲線的服裝款式，形成衣服上的特點主要集

東晉高髻女俑　女俑頭戴大型假髮，稱為鴉鬢高髻，簡稱為鴉髻。髮式誇張，表現嫵媚的風姿。身穿右衽交領、喇叭袖型，合腰身的長袍。

東晉・顧愷之「列女傳圖卷」 此仕女梳著高髻、留著鬌鬢、頭上以步搖釵為裝飾；身穿寬大袖子的襦衣、而露出的內層衣服的袖子較窄，繫著裝飾花結的腰帶，衣服的兩層下襬都拖曳在地上，而且有許多條類似彩帶的飄帶裝飾。兩位小孩則穿袍，梳著丱角髻。

中在下襬的部分，衣襬裁剪成上寬下尖的倒三角形裝飾（稱為髾ㄕㄠ），加上數個長條形飄帶（稱為襳ㄒㄧㄢ），層層雜沓交錯相疊，走起路來飄帶牽動著尖角衣髾，如群燕飛舞，故有「蜚襳垂髾」、「華服飛髾」的形容。

風華再起——隋唐

在中國歷史上，隋唐與秦漢並稱兩大盛世。隋朝與秦朝的歷史地位極為相似，同樣是承先啟後的過渡期，各自結束一個長期分裂的時代，接下來都是一段輝煌盛世的開創者。隋朝國祚雖然僅僅三十七年，但在隋文帝勤政愛民的治理之下，為後來的唐朝經濟文化的繁榮奠定了優良基礎。強盛的大唐帝國在中國維持近三百年的統治，影響所及達到日本、朝鮮，更包容和吸收西亞地區各種異族的文化。

唐代的長安是當時政治與文化的中心，在長安居住的人民有突厥人、吐蕃人、回紇人、波斯人、阿拉伯人等數十種民族。經由各個民族帶來的不同衣冠服飾，使得唐代的衣飾文化更加多采多姿，富麗華美。頻繁的中外文化交流，也使得唐朝在思想上顯得開放活潑，尤其是女性在社會的地位顯著提高，可從女性的參政權（武則天、韋后）、婦女婚姻的自由及低胸袒露的女裝上獲得證明。

唐高祖武德四年時佈達服裝令（「上得兼下，下不得僭上」），規定天子、皇后、太子、后妃、朝臣、命婦等不同身分貴族的衣著服飾。依循前朝冠服制度，唐代仍以上衣下裳的冕服為最高的禮服，我們可從唐代著名畫家閻立本的《歷代帝王圖卷》，看到冕服的具體形象。唐太宗在位時制定翼善冠作為帝王的常服，頭戴折上頭巾（即幞頭），身穿赤黃色盤領袍衫，腰繫九環帶，腳踏六合靴，明顯受到胡風影響的輕便服式。而日後黃色專用於帝王的服飾，群臣百姓不得僭用的規定，最早應源自此時。

唐太宗像　唐太宗頭上戴折上巾，即幞頭，身穿黃色盤領窄袖袍，長袍上裝飾青色五爪團龍。手扶玉製腰帶，腳穿皂靴。為唐代帝王的常服風格。

中國早期的袍衫領型以交領右衽為主，但是到了唐代以後，參酌採取胡俗出現盤領袍。盤領盛行於唐代至明代之間，又稱為「曲領」，為圓弧型的領圍線，前衣身的開口在右頸邊，並延續垂直而下。在唐代的社會，盤領袍與傳統的交領袍是同時流行並存。後來的宋代與明代服飾也都仿行唐朝盤領，只是宋明時代的盤領圓弧領線較小，並在盤領袍內穿上襯領來搭配。

一般男士日常都戴用巾、幘，而幞頭更是最普遍的帽飾，上自帝王把幞頭作為常服，下至社會各階層，無分貴賤都戴上各式的幞頭。幞頭與頭巾相同也是一種包頭的布帛，一般將布帛的四角加長裁成帶狀，佩戴時二角繫結在腦後，剩餘帶子垂在後面，而另二角反向繫結於頭頂。在江南地區一般平民多穿襦裙，而北方百姓受游牧民族服飾影響，多穿盤領短袍、袴褶及靴子等。由於受到翻領式樣胡服的影響，因而也有將盤領袍的領口解開摺向前身兩側的翻領穿法。

唐代婦女髮型的種類很多而且變化複雜多端，是歷史上少見的。初唐時髮型已有上聳的趨勢，從唐高祖時的半翻髻，可看出初唐時髮髻梳得較緊而高聳，到日後流行的鬧掃妝髻、驚鵠髻、倭墮髻及回鶻髻等，受到胡風影響形狀也愈顯新奇。中唐之後流行梳成較膨鬆圓潤的髮型及假髻，比較厚重高大的髮型是晚唐時期最常見。初唐時髮髻上沒有太繁雜的頭飾，到了中唐貴婦仕女們注重頭飾裝扮，喜歡在髻鬟上插滿各式花朵珠寶。用金、玉、寶石、玳瑁、犀角等珍貴材質，製成如髮簪、翠翹（釵）、步搖、梳篦、鈿飾等頭飾。晚唐時期是珠翠滿頭，誇耀富麗的風氣盛行。

唐代婦女臉部的化妝術十分講究又很奇特，例如在臉上敷有鉛粉、臉頰塗抹胭脂，描畫黛眉、嘴唇塗上口紅，或在額頭兩眉之間塗額黃或黏貼花鈿、兩眼的眼尾處也畫上斜紅及臉頰腮旁畫上面靨等等。額黃、花鈿、斜紅、面靨是指以黃色或丹青朱砂等顏料，在額間眼尾面頰處貼畫上花卉、桃型、月牙或抽象的圖案面妝。以下我們可以從唐朝元稹的詩作《恨妝成》，來說明唐代婦女對鏡化妝的步驟：

「曉日穿隙明，開帷理妝點；

唐代宮女　我們可以看見頭戴翔鳳啣珠步搖冠的宮女，而冠前裝飾著珍珠顏題。身穿白色低胸大袖衫，紅色的裙子，領口、袖口與高腰的部分有錦繡或泥金彩繪的花邊。在腰帶上垂掛著與頭冠搭配成套的珠玉珮。唐朝婦女低胸的服裝，是古代中國歷史上最大膽、開放的裝扮。

傅粉貴重重（敷上鉛粉），施朱憐冉冉（塗抹胭脂）。
柔鬟背額垂（梳成髮型），叢鬢隨釵斂（戴上簪釵）；
凝翠暈蛾眉（描畫眉毛），輕紅拂花臉（貼塗花鈿）。
滿頭行小梳（插上梳子），當面施圓靨（描畫面靨）；
最恨落花時，妝成獨披掩。」

至於唐代女性的衣著仍以襦裙的搭配為主，有時也穿交領袍服。初唐受胡服的影響，上身為小袖短襦，下身著長裙，但是與魏晉婦女穿襦裙的方式不同，唐代婦女將裙頭提高束至胸部或腋下，以腰帶緊縛裙腰，形成高腰裙的特殊造型，為歷史上唯一女性穿高腰裙的時代。襦裙外常會罩一件半袖，並在肩背處披搭一條披帛，因此「半袖裙襦」一詞可說明當時婦女最流行普及的服飾裝扮。半袖為

唐・張萱「搗練圖」　在圖中唐代宮廷婦女正忙於加工白練（練是古代絲織品的一種），從此圖可以一窺當時婦女豐腴豔麗的姿態。

短袖對襟齊腰的外衣，大多以錦這類較厚實的織物來縫製。披帛以輕薄的紗羅製成，盤繞在雙臂間，隨著步伐飄舞。中晚唐以後，服裝趨向寬博，衣袖寬大、裙裾及地拖曳。從周昉傳世的畫作「簪花仕女圖」中，可以看到畫中仕女梳著高聳厚重的峨髻，穿著透明薄紗的大袖衫，裡面不穿上衣僅著高腰裙，體態慵懶的大膽袒露胸部，反映出女性崇尚綺麗奢華、誇張新奇之美。

此外，由於婦女騎馬風氣盛行，為了方便上下，所以女性穿著胡服、男裝或褲子的打扮增多。唐代胡服的特色是盤領或翻領的小袖袍服，在領口、前襟等部位裝飾著錦邊，下穿小口褲，腰部繫上革帶，腳穿尖頭履。此種裝束一開始流行於宮中，多為宮女所穿著，日後漸漸流傳到民間，成為一般婦女的日常打扮。安史之亂後，胡服才漸漸衰微。

唐・周昉「簪花仕女圖」 仕女頭梳高髻，插上簪、釵、步搖等頭飾。眉毛描畫成蛾翅撲展的造型，因此也稱為「蛾翅眉」。身上穿著團形圖紋的曳地高腰裙，袒露低胸。外穿對襟透明輕羅大袖衫。肩上手臂搭上披帛，充份表現唐代貴婦嬌嬈豐腴的美感。

從軍功到文治——五代十國、宋朝

十世紀初，中國進入長達五十多年分裂與戰亂的五代十國。此時期的冠服制度，大多為胡漢雜陳，但是基本上仍沿襲唐制，保存晚唐時期的服裝風格。婦女典型的服飾，上衣仍是寬大衣身與大袖衫，加上披帛；下半身穿著合身的長裙，或外加圍裙，只是裙子回歸繫在正常的腰線，不再是高腰裙的造型，腳穿平頭的鞋履。

五代・顧閎中「韓熙載夜宴圖」　南唐大臣韓熙載家中舉行宴會，眾人正專心聆聽女子彈奏琵琶。士人追求風雅的生活，在衣著、飲宴等日常生活中可見一斑。圖中戴高筩ㄊㄨㄥˊ紗帽留長鬍的就是韓熙載。

五代時期的女供養人摹畫　婦女在髮髻、兩鬢間插笄、步搖、白角梳與金片枝葉。臉部為花鈿妝、脖子上有項鍊般的頸飾。身穿裙襦大袖的禮服、披帛，腳穿雲頭履。服裝與唐朝的款式略微不同。

宋朝建國初年間，衣冠服飾仍沿用晚唐五代的制度。但在宋太祖等多位帝王數次更改與修訂後，重新制定服飾制度，詳細記載在《宋史・輿服志》或帝紀等史籍上。由於受到程頤、朱熹等人所倡導理學思想「存天理、去人欲」的影響，各朝帝王也多次規定人民的服飾「不得奢僭」，尤其是婦女服飾應「惟務潔淨，不可異眾」。也就是要講求整齊清潔就好，不能奇裝異服、譁眾取寵。如宋真宗便禁止百姓穿銷金織物；而宋高宗甚至禁止百姓婦女佩戴金翠首飾；宋寧宗因為社會風氣奢靡，乃下詔告誡官民必須維持簡樸，使得宋朝的衣冠較為拘謹保守、質樸素淨，具有簡單自然的風格，式樣變化不多，外型趨向狹長纖瘦。

雖然要求人民衣著簡樸，但皇室貴族的服飾仍然非常繁奢，即便是冕服，也用珍珠寶玉裝飾非常華麗，這是受唐末五代亂世奢靡風氣影響所致。皇帝的朝服是穿通天冠服，沿用秦漢以來的冠式，只是冠上綴有梁柱多達二十四道。宋代皇后命婦的冠服制度，則沿襲唐代很少更改。如皇后的祭服用褘衣，穿褘衣時頭戴龍鳳花釵冠，因冠上有龍及鳳鳥的裝飾，所以一般都簡稱為鳳冠。冠上還裝飾有珍珠花釵寶鈿等二十四隻，冠後左右各三片的舌形珠翠裝飾，稱為博鬢。身穿深青色袍服，袍上有一對對的五色翬[illegible]鳥圖紋，此外在領口、衣襟、袖口、衣裾都有朱色雲龍紋的緣飾。皇后貴婦平日穿常服，頭戴龍鳳珠翠冠，身穿紅色大袖上衣、紅羅長裙，外面再加穿紅色霞帔。

隋唐時期流行的幞頭，在宋代已脫離巾的形式而成為貴族男士們的主要帽子，外觀上也與唐時期的幞頭有明顯的不同。如幞頭的左右兩腳又直又長，稱為直腳幞頭，傳說是為了防止官員們在朝廷上交頭接耳交談說話。另外幞頭的造型還有交疊狀的交腳幞頭、往上彎曲的朝天幞頭等眾多變化給身分不同的男士戴用。與幞頭搭配的衣服是盤領大袖袍衫作為公務服，並以袍服的顏色區分官位等級的不同，一至三品官員穿紫色袍，四、五品官員穿朱色袍，六、七品官員穿綠色袍，八、九品官員穿青色袍等。因為幞頭變成百官公服的帽子，所以一般庶民百姓就不用幞頭，而恢復佩戴頭巾的習慣，漸漸的成為社會流行的風氣。

宋仁宗后像　畫像內皇后身穿深青色且裝飾著五彩翬雉紋的褘衣，是一種在冊封或祭祀等重大典禮才穿的禮服。為交領、領口與前襟的邊緣有紅色雲龍圖案的裝飾。裡面穿著領口裝飾珍珠的中單衣，臉部為花鈿妝。兩旁的宮女頭戴「一年景」的花釵冠，身穿盤領小簇花缺胯錦袍，配有白玉銙紅鞓帶，裡面穿著紅色中單，腳穿彎頭弓鞋，手中分別拿著帨巾與渣斗。

宋朝一般婦女的髮型仍梳高髻，但是可以明顯的看出，髮式不再像唐代的蓬鬆厚重，而傾向盤緊貼合的鬟髻風格，再以做成蛾蝶、蜂蟬造型的髮簪，或花釵梳篦等頭飾插在髻上。另外婦女還流行戴花冠，冠上簪插上各種時令鮮花，或用羅絹、通草、金玉玳瑁等材質製作的假花，隨著季節的變換有桃、杏、荷、菊、梅等不同花朵組合的花冠。當時將四季花卉匯集在一頂花冠上稱為「一年景」。

婦女通常穿著上衣與裙、褲的組合，上衣有衫、襦、襖、褙子、半袖等。衫的袖子較短，並以輕薄質料為主，襖與襦的外型相似，也是衣長較短的上衣，但是襖的衣襬兩側多有開衩而且還夾有內襯的設計。褙子穿著時罩在襦襖的外面，為直領對襟、窄袖衣長過膝、兩側開衩的上衣。宋朝女性上衣的顏色比較淡雅，如粉紫、淡綠、銀灰、蔥白等，裙子則較為鮮艷，有紅、綠、青、黃等色。裙子的款式較寬長，並在腰部做成細細密密的褶子，後世的「百褶裙」就沿用了這種款式。此外宋朝婦女開始盛行纏足的風氣，鞋子用錦緞縫製，上面繡有各種圖案，以紅色的繡鞋最為流行。

世界帝國——元朝

十三世紀初，蒙古族崛起於中國的漠北地區。在接下來的五十年間，元朝不僅統一整個中國，而且三次西征席捲歐洲與西亞，終於成為一個橫跨歐亞的超級大帝國，廣袤的疆域是歷史上前所未有。同時建立了通行無阻的商道，歐亞大陸間的互動交流更加頻繁，使當時的人對世界有更新的了解。

蒙古人為了有效率統治龐大的各民族而採取分治政策。將百姓分為四個等級，即蒙古人、色目人、漢人、南人。此種民族優越感的心理使蒙古人在吸收漢人文化的同時亦能保持蒙古族的特有服飾。蒙古族是游牧民族，傳統的衣著服飾十分簡樸，大多穿皮革或毛氈製作的帽子、襖、褲和靴子。入主中原後，除了仍

元世祖出獵圖　元世祖忽必烈外穿蒙古皮裘，內著鮮豔的中國錦緞。

然保持原來的衣冠形制外，也採用漢族的冠服制度，服飾慢慢地趨向於華麗，喜歡用大紅色、大紫色，色彩十分醒目；也喜愛採用漢族流行的龍鳳圖案等。元人的服裝織品中最有特色的是織金錦，也稱為「納石失」，就是用金、銀與絲線織出花紋鮮明的織金錦。元代織金錦緞的流行，除了顯示貴族統治者的華貴、權威外，也大量用金錦製成官服作為賞賜用。

蒙古族男子的髮型稱為「婆焦」，與其他少數民族一樣，屬於辮髮的民族。首先在頭頂上斜向交叉剃成兩道直線，再將腦後部分的頭髮剃去，而正面頭頂前部的一綹頭髮修剪成長條或尖角形狀，自然垂掛在前額。剩下左右兩部分的頭髮編成多條髮辮，結環下垂左

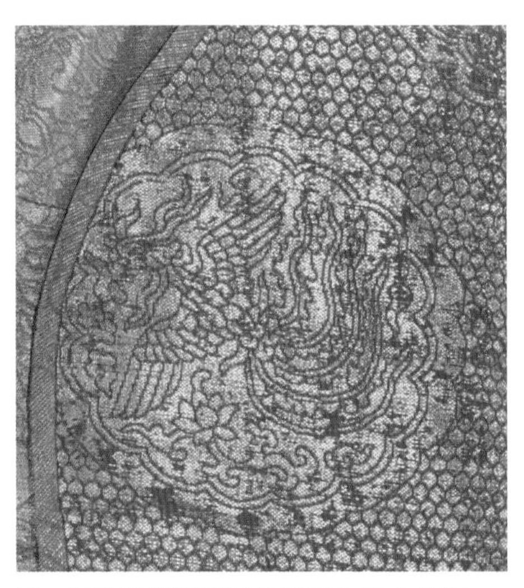

元・紅地龜背團龍鳳紋納石失佛衣披肩

元成宗像　元成宗的髮型、帽子皆為蒙古傳統樣式。

右兩肩。蒙古男子冬天戴毛皮暖帽，夏日改戴鈸笠，圓形的笠帽有一圈寬檐邊和半圓形的帽身，帽頂有珠寶的裝飾；此外還有一種用藤草編製的方形笠帽，笠帽用四片上窄下寬的梯形裁片縫合再加上方形帽頂，一般稱為四方瓦楞帽。此外，男子戴耳環也是蒙古族特有的習慣。

元代蒙古貴族大多以袍服為主，男士穿著以納石失製成的「質孫」作為正式的禮服。質孫袍的長度到小腿，袖型較窄，衣襬寬敞便於騎馬。另有一種窄袖盤領短袍，在腰部縫有許多整齊緊密的橫向褶子，袍子的衣襬也有褶子所以較為寬大，稱為辮線襖或腰線襖。

元代皇后的禮服用罟罟冠服，又稱為顧姑冠。以樺木製成高約二尺，呈長條形狀的冠帽，用紅色織錦包在冠帽

元朝的女侍俑　我們可以看見女侍梳著頭頂中分、兩旁綁辮子的髮型。身穿交領左衽的短襖，上衣穿在長裙的外面，同時垂著繫住裙子的帶子。這種服裝造型是一般元朝婦女典型的裝扮之一。

頭戴罟罟冠的元世祖后

外部，上面再以珍珠嵌飾或彩繪花飾作為裝飾，冠頂插飾翎毛或綴飾珠串，冠帽底部的左右兩側，懸掛珍珠和紅寶石製成的珠串。身著交領右衽寬袖、衣長曳地的紅色寬袍，領口緣邊用納石失裝飾。蒙族婦女服飾以袍為主，領口也有左衽的款式。

在元朝民間的漢族人民仍然穿著宋朝的基本衣冠服飾，男士們戴幞頭或巾帽，穿盤領袍衫或大袖的交領袍衫，腰間繫帶，穿皮靴。漢族女性仍穿襦裙或外面加穿對襟的半袖。

專制皇權與庶民活力——明朝

明朝初年，太祖朱元璋下詔通告全國，衣冠制度要採用唐朝的規範，廢除元朝的服制，參考周、漢、唐、宋的制度重新修訂。又因周朝規範裡六冕的制度過於繁雜，只採用其中的袞冕及通天冠、絳紗袍。接著歷經成祖及世宗的更改補充，才形成一套嚴格縝密的服飾制度。明朝對服裝的禁令很多，對平民百姓的限制尤其嚴格。例如，庶民不可以使用金、繡、錦、綺、紵ㄓㄨˋ、絲、綾、羅，只能用絹、素紗等織物。商人甚至不能穿紗，只可以用絹及布。平民衣物不可用黃、大紅及鴉青的顏色。同時，也不得佩戴金、玉、珠翠等材質製作的首飾與配件。甚至百姓的帽子也有規定的款式。

明太祖像　明太祖朱元璋頭戴翼善冠，也就是烏紗折上巾，因雙橢圓形的冠翅向後上折，因此得名。身上穿著黃色盤領窄袖長袍的常服，袍上的前胸後背及二肩裝飾織金盤龍，虎虎生風。

頭戴鳳冠的明成祖后

明代七品文官鸂鶒補子

明代承襲傳統制度，帝王祭祀穿袞冕服，穿著裝飾有十二服章的玄衣纁裳。而皇帝的常服則穿長袍，頭戴烏紗折上巾，穿黃色綾緞製成的盤領窄袖袍，腰繫玉帶，腳穿皮靴，因為在黃袍的前胸、後背及二肩都有織金線的團龍紋，所以又俗稱為「龍袍」。明代皇后的禮服制度與宋代近似，頭戴九龍四鳳冠，身穿深青色的褘衣，衣上也繪繡有赤色的五色翬鳥圖紋。

皇帝的常服穿黃色盤領長袍，這是仿自於唐代與宋代帝王穿黃袍的制度。百官的公服也穿袍服，一至四品官員穿朱色袍，五至七品官員穿青色袍，八、九品官員穿綠色袍。此外明代百官所穿的公服非常有特色，就是在袍身的前胸及後背各縫綴一塊方形織繡圖紋的布塊。因為織繡布是另外添加增補的，所以稱為「補子」，而此種飾有補子紋樣的公服又稱為補服。文武百官穿著補服時，頭戴烏紗帽，身穿盤領長袍。而文官的補子用飛鳥以象徵文采華美，武官補子用走獸以象徵勇敢猛鷙。依據官員等級不同，補子紋飾各有規定，如一品文官為仙鶴，二品為錦雞，三品為孔雀，四品為雲雁，五品為白鷴，六品為鷺鷥，七品為鸂鶒，八品為黃鸝，九品為鵪鶉。一、二品武官為獅子，三、四品為虎豹，五品為熊羆，六、七品為彪，八品為犀牛，九品為海馬。此種按官品等級分穿不同紋飾的服飾，也深深影響清代作為區別官員等級的穿法。

明朝平民百姓盛行戴方巾、網巾及小帽。方巾又稱為四方平定巾、四角方巾，也可為職官及儒生所戴的高頂便帽，以黑色紗羅縫製，造型四角皆為方形。網巾就是束紮髮髻的網罩，以黑色細繩、馬鬃編織而成，可襯在冠帽內或直接約住頭髮露在外面，戴上網巾可作為男性成年的一種標誌。小帽就是俗稱的瓜拉帽，正式名稱為六合一統帽。瓜拉帽原是貴族男士的帽子，後來流行於民間。六合一統帽以六片三角形的羅帛拼接縫製而成，再在下面加一個帽圈，冬季可用絨、錦等製成。除了這些巾帽以外，明朝還有各式各樣的頭巾，適用於社會上不同身分的男士。

一般男子仍穿著傳統寬袍大袖的服裝，如秀才、舉人、儒士都穿藍色的長袍，在衣領、袖口有黑色的緣邊。而各行各業平民的衣著，有的穿交領窄袖短衫、長褲，

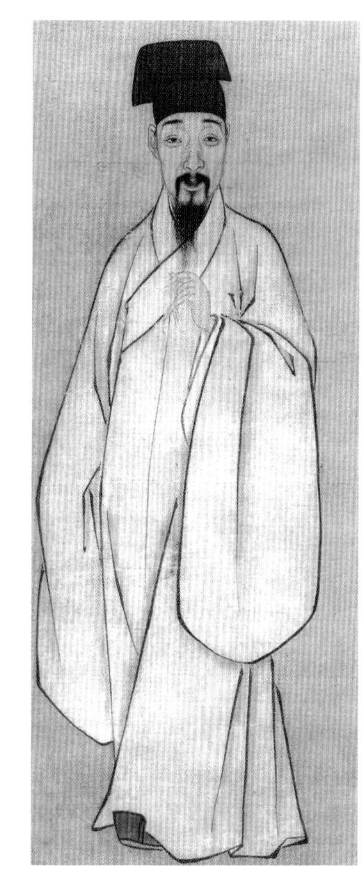

明・曾鯨「張卿子像」　張卿子為當代名醫，身穿白袍烏帽，有種脫離俗世，卓然不群之感。

或過膝的短褲便於工作，衣服顏色多以青、黑、褐等為主。

明初婦女的髮髻款式變化不大，日後髮型變化繁多。有將髮髻梳成扁圓低平，或梳得高聳蓬鬆，並在髮髻頂部簪上寶石花朵。也有用鐵絲襯底外面編上假髮的髮飾，戴時罩在髮髻上挽住，插上珠翠髮簪綰住固定，此種假髮稱做鬏髻，是已婚婦女流行的髮型。未出嫁女性頭上梳成三個小髻，婢女多梳挽雙髻。此外，明代不分老幼女性習慣用烏紗、綾緞包頭，或頭戴珠寶頭箍、遮眉勒等。

明代婦女的服裝，有衫、襖、裙、褲、褙子、比甲及雲肩等服飾。按規定一般婦女的禮服不可用金繡裝飾，只能用紫色粗疏的絲來製作，此外還限定婦女日常穿的袍衫只能使用紫、綠、桃紅或淺淡的色彩。裙子的顏色以淺淡素白為主，明末裙子的裝飾日益講究逐漸奢華，腰間做成細密的褶子，並繡有花鳥圖紋鑲以金線等設計，有月華裙、鳳尾裙、百褶裙等各式名稱。襦裙是婦女主要的衣著，外面再罩上褙子或比甲為外衣。明末時期民間婦女流行穿著一種名為「水田衣」的長袖袍，水田衣是用各種零碎剩下的織錦料拼接縫製，因色彩斑爛交錯，很像一塊塊水田聚在一起。直到現在我們仍可看到各式的「拼布」手工藝，如被褥、掛飾、坐墊等家飾品。

水田衣

明・沈士鯁「採桑圖」　圖中提籃婦女穿著藍色高領紐扣衫，下穿素色褶裙，腰上繫有綢帶。

末代王朝——清朝

清代帝王統治中國的手段，採用懷柔與高壓並濟的方法，並強迫漢人採行滿族的髮型與衣冠制度。順治元年（西元 1644 年），清廷厲行「薙髮令」，就是剃除前額及周圍的頭髮，只留下頭中央的部分，並編成長辮。次年嚴令「留髮不留頭」，違者將受斬刑。除此以外，規定漢族一律改穿滿族的服裝。此一改革措施引起漢族民間強烈的反抗，為了緩和滿漢兩族的衝突，清廷採用明朝遺臣金之俊的建議，才有折衷式的「十從十不從」讓步。即「男從女不從、生從死不從、陽從陰不從、官從隸不從、老從少不從、儒從而釋道不從、倡從而優伶不從、仕宦從而婚姻不從、國號從而官號不從、役稅從而語言文字不從」。一般男子必須穿著清朝的衣冠服飾，即剃髮結辮、穿長袍馬褂；而女性則不限制，可穿傳統的明式服裝。因此部分傳統漢族服飾的特色也沿襲下來，而清代的服飾雖以滿族衣冠制

清代剃髮圖

度為主，但也融入中國傳統衣飾的特質，使清朝的服飾呈現多元化的風貌。

基本上清代與前朝服飾最大的差異是領型與袖型的變化。清代建國後，將中國傳統的交領和盤領兩種領型一併廢除，改立另一種新型的「圓領」，事實上此種領型是兼採交領和盤領的形態，混合兩者而成。清人所創的圓領，是在前中心領點位置設立第一個鈕扣，然後前衣身向右傾斜延伸達於肩窩，設立第二個鈕扣，然後下曲作成弧形，至右腋下脇邊設立第三個鈕扣，然後衣襟沿脇邊直線下垂，至下襬同齊長，脇邊再設鈕扣三顆。「立領」是襯在圓領衣內，因領子硬挺高豎於頸而得名。此外清代也流行使用外加的活動領子，稱為披領。中國歷代的袍服衣裳多是寬袖，而清代盛行窄袖，並在袖端裁成弧形，類似馬蹄形狀蓋住手背，因此俗稱馬蹄袖。平時將袖口朝上翻起，行禮時則翻下袖口，並用力將馬蹄袖左右各甩一下再跪下行禮。清代崇尚騎射，冬日打獵時打獵裝為馬蹄袖可覆蓋雙手保暖用，故也稱此種造型的袖子為箭袖。禮服亦有使用箭袖的款式，

清朝雍正皇帝朝服像　雍正帝頭戴夏朝冠，身穿朝袍，領口圍著披領。衣服上佈滿各式龍紋及五彩雲紋。另外頸上掛有朝珠，腰上繫有朝帶，腳上穿朝靴。

而常服的袖口還是平袖。

中國歷朝歷代沿襲的冕服制度，在進入清朝的統治時期後就完全改制，依據清朝冠服制度的規定，皇帝、皇后在國家重要大典、祭祀壇廟等場合，穿著清代最正式的禮服——朝服。帝后穿朝服時頭戴朝冠，身穿朝袍，腰部繫上朝帶。如在一般的吉慶宴會及上朝奏事時則穿吉服，就是一般俗稱的龍袍。朝服與龍袍都是明黃色，

清朝乾隆皇帝穿過的龍袍　為圓領右衽、箭袖、下襬開叉的明藍色長袍。衣服的前後衣身及兩肩加上隱藏前身的裡襟一條龍紋，共計有九條龍紋，符合傳統所謂皇帝為九五之尊的說法。

清朝慈禧太后　她是中國歷代最著名的女人之一，坐聽朝政長達四十八年。照片內慈禧梳著兩把頭的髮型、頭上簪戴珠寶翡翠、戴耳環、穿旗袍，外罩對襟馬甲。在第二顆鈕扣上掛著手串（或稱為十八子，原為念珠，後來成為珍玩的裝飾品），兩手留著長指甲，並戴著指甲套。

是皇帝、皇后專屬的顏色。其他皇室貴族或朝臣，依序只能用金黃色、藍色、石青色等色系。另外朝服、龍袍上都是以五爪金龍裝飾，龍頭正面向前龍身盤繞踞坐，象徵江山穩定天下太平、皇權固若金湯威風凜凜。由外觀而言朝服與龍袍的型式略同，實際上朝服的上衣下裳先分裁，下裳打褶再與上衣縫合一起；而龍袍的上下不分裁，衣襬前後左右四邊開叉，一般臣民僅能左右兩邊開叉。衣領都是圓領右衽，袖型為箭袖。

清代朝臣的官服依天氣的冷暖與官階有朝服、蟒袍、補服等。依季節不同官員的帽子分為暖帽與涼帽，帽上裝飾有冠頂及翎枝。依官職的不同冠頂所嵌頂珠的材質、色彩及數目也不同。冠頂珠寶分為紅寶石、珊瑚、藍寶石等等不同的裝飾，頂珠的下面裝有白玉翡翠翎管，管內安插翎子，翎子羽毛為孔雀的羽毛。官員穿著的袍服上繡有外觀近似龍但是只有四爪的造型，一般稱為蟒袍。清代的

清朝朝臣與命婦　朝臣穿戴夏朝冠、朝袍與補褂；命婦則身著袍褂、朝裙、披霞帔、戴鳳冠、纏足、穿繡花弓鞋。補褂或袍褂在胸前與背後都有補子，是服裝上的裝飾品，而補子內的圖案也是封建社會中階級高低的識別系統。

補服也稱為補褂，沿襲自明代的補服。清代的補服改用石青色，袖口平直、圓領對襟，在前胸後背也各綴一正形補子，圖紋與明代的補子大致相同，只有文官八品改為鵪鶉，文官九品改為練雀，武官一品改為麒麟等變化。

清朝一般的男士十分盛行戴瓜皮帽，服裝以袍、衫、褂、襖、褲及馬甲為主。袍衫可用棉、紗及皮料等材質，顏色以湖色、藍、灰等淺色為主。外褂為適宜騎馬時活動方便穿用，因此將袖子裁剪至肘部，衣長改至腰部，稱為馬褂，所以長袍馬褂成為平民百姓最普遍穿著的正式穿著。馬褂的袖子有長袖、半短袖及寬、窄等變化。馬甲也稱為坎肩，就是無袖長度及腰的背心。馬褂與馬甲的衣襟都有大襟、對襟、琵琶襟等變化。

清末的男女裝束　男子頭戴瓜皮帽，身穿長袍馬褂，女子則戴燕尾暖帽，穿著衫裙。

清代婦女日常所著常服，可分為滿族與漢族二類。滿族貴婦都著旗裝，頭上梳旗髻，身上穿著長袍，長袍為圓領右衽，袖口平直寬大，衣裾不開衩，或在頸間圍一條綢帶，另在長袍上加罩坎肩或馬甲。旗裝一般使用各色綢緞製作，袍上繡滿各種吉祥圖案、花卉蝴蝶等，在衣襟、衣裾

清朝同治年間的上海婦女　清朝典型的漢族婦女的裝扮。梳著長而後翹的髮髻，其髻垂於後，額頭圍勒子，衣服則是袖子廣大的大襟襖，及圍裹式的馬面裙

及袖口處，鑲緄有各色寬窄花邊，有的長袍領口有較低的豎領，後來逐漸加高，因此有「旗袍領」的稱呼，至清末時袍服的腰身已極為合身，也就是演變為後世漢族婦女流行所穿的「旗袍」。坎肩以大襟、琵琶襟的式樣居多，在領口衣襟處也加上多重花邊，有如意雲頭式樣的多道鑲滾邊。滿族婦女穿旗鞋，旗鞋的鞋底中央部位，用木料製作墊高，中間鑿空形似花盆，俗稱「花盆鞋」。

一般漢族婦女仍然沿襲明朝婦女的服飾裝扮，穿寬衣長裙為主。上衣有衫、襖、坎肩或雲肩，下身穿裙、褲等。清代衫、襖的領型已改為圓領右衽，在衣襟處仍有多層的鑲緄邊，當時有「十八鑲」的名稱。裙子多穿在上衣之內，有百褶裙、鳳尾裙、馬面裙等名稱。裙子的顏色多為青色與黑色，而喜慶場合則用紅色。

冠冕堂皇話從頭

冠　帽

中國服裝的演進，頭部的裝飾最繁複。無論男、女除了對服裝的色彩、圖紋及材質的重視外，頭部的裝飾甚為考究。以男性而言，頭部的裝飾為「頭衣」，即今所稱的帽子。古時男子戴帽子的作用，並不只限於便利遮蔽、禦寒保暖或裝飾而已；其最大的意義是在「禮」的制度中所代表的身分及地位。由於每一種帽子都有其不同的意義及作用，因此就有不同的名稱。

巾

諸葛亮

歷史小說中對諸葛亮的描述，多是「羽扇綸巾」的名士風雅形象，所以手持羽扇（或毛扇）、頭戴綸巾（或諸葛巾）的造形，似乎深植在我們心中。巾的歷史比帽更久遠，可能是帽子的前身。依據《周禮》的記載，士以上者可戴冠，庶民則只能裹巾。《釋名》：「巾，謹也。二十成人，士冠；庶人巾」。古人蓄留長髮，需整結散髮，於是以巾包裹頭部，所以「巾」就是蒙在頭上的布帛。頭巾除了約髮，便於勞動工作以外，同時還有保暖和防護的功能。頭巾的形狀多裁成方形，根據布帛的幅寬而決定頭巾的長寬，使用時裹住髮髻繫結於顱後或頭頂。因頭巾多用於庶民百姓，故歷史上多以頭巾代稱庶民，如東周時士兵多以青巾裹頭，故名「蒼頭」；秦代百姓以黑巾裹頭，稱為「黔首」，「黎民」一詞也可代稱百姓。此外，發生在東漢時的黃巾之亂，首領張角鼓動農民起事，即以黃巾裹頭為標幟而著稱。

1. 漢代以前，巾為庶民百姓所用；而士以上的人，在戴冠帽前，先以緇色（黑色）布帛（名為縰ㄕˇ、纚ㄕˇ或紒ㄐㄧˋ）裹覆頭髮，一般俗稱為網巾。然而東漢初年，具有高貴身分的將領，因輕視傳統的禮儀法度，又以紮巾的輕便舒適，便樂於裹巾而不戴冠帽。
2. 東漢末期蔚為風氣，王公將帥多喜佩巾，而以幅巾為雅，即用縑帛裁成方形，因其長寬與布幅相等，故稱為幅巾。
3. 魏晉南北朝時期仍以頭巾為尚，有：
   (1)綸巾（即諸葛巾）：多用於秋冬，是用一種質地粗厚的絲帶編織而成的頭巾。
   (2)縑ㄐㄧㄢ巾：是用一種質地細密、輕薄柔軟的絲絹（可染成各種顏色）製成，用於春夏。
   (3)葛巾（或稱漉ㄌㄨˋ酒巾）：則是以葛藤為材質製成的頭巾，用於春夏。
   (4)角巾（又名林宗巾、折角巾）：就是疊摺出稜角的頭巾，多用於儒生、學士等讀書人。

宋太祖　此圖中宋太祖頭上即紮巾。

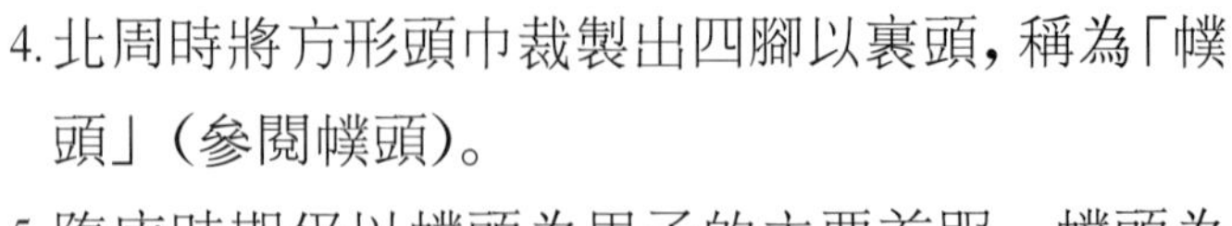

4. 北周時將方形頭巾裁製出四腳以裹頭，稱為「幞頭」（參閱幞頭）。
5. 隋唐時期仍以幞頭為男子的主要首服，幞頭為一種軟質巾子，流行於唐代帝王朝臣之間。
6. 宋代以後紮巾的風氣歷久不衰，有的以人物命名如東坡巾（又名烏角巾）、山谷巾、程子巾，或以外形命名如仙桃巾、胡桃結巾、高裝巾子及一般的唐巾、雲巾、華陽巾、逍遙巾等。雖名稱

明朝儒巾　為當時讀書人所使用的頭巾形式之一，又稱為皂條軟巾，兩旁有垂帶。頭巾的周圍有鑲邊，原始文獻上記載為玉色的布料所縫製，但由於年代久遠褪色為淺咖啡色。

方巾

唐巾

東坡巾

凌雲巾

為巾，但實際上多屬帽類。

7. 明代最為盛行的是讀書人所戴的方巾及一般男子所用的網巾。此外尚有包角巾、蓮花巾、兩儀巾、玉臺巾、飄飄巾、和靖巾等名目，可知當時紮巾習俗非常流行。而根據不同的身分使用不同形式的巾：

⑴進士用唐巾

⑵皂隸公人用平頂巾、皂隸巾

⑶教坊司官吏用萬字巾

明・曾鯨「顧夢游肖像」 其頭上所戴即為飄飄巾。

元代仕女　頭巾紮在頭頂，露出兩側與前額的頭髮，使用柔軟的布料所製作，因而產生垂墜的褶痕。頭巾的前方有花形的裝飾品。

⑷儒生士人用漢巾、儒巾、方巾、淩雲巾
⑸庶民百姓用蒸巾、披雲巾、四帶巾
⑹隱士逸人用華陽巾、高士巾、浩然巾
⑺道士用雷巾、九陽巾、純陽巾
⑻清代以後，因為剃髮令的實施，男士紮巾的風氣已不多見。

婦女紮巾的風氣也始於漢末，至魏晉南北朝後日益普遍。唐代婦女也裹頭巾，但僅包住髮髻部分，額髮及鬢髮則散露於外。從宋至明清時代，婦女紮巾的風俗一直歷久不衰。

幘

巾的流行有長遠的歷史，而幘是在巾出現以後的頭飾，大約從西漢時期才開始有幘的佩戴。幘的前身是秦朝時武將用的絳袙，到漢朝初期逐漸加高絳袙的前額寬度（外形如帽箍），進而與巾的造型結合成為一種新款式——「幘」，或稱「幘巾」、「巾幘」。巾與幘都是包裹頭部的布塊，但是，從形狀的變化來看，兩者之間有很大的差異。巾是源自於包住頭部的方形布塊，而幘是以質地厚實的布，摺疊成長條的固定形狀，使用時繞著髮髻一圈，到額頭時向上翻捲，下緣對齊眉毛。

東漢蔡邕《獨斷》：「幘者，古之卑賤執事不冠者之服也。」因此，漢代以前的幘，是身分卑賤的人所佩戴的，之後卻不分貴賤都有人使用。《獨斷》也記載，西漢元帝額前有粗壯硬髮，為不想讓別人瞧見，所以配戴幘巾用來掩藏頭髮，於是群臣上行下效，不分貴賤一律通用，蔚為風氣。另一種說法是，西漢末年王莽時期，因為王莽禿頭頂上無毛，所以戴上幘巾用來遮掩光頭，一時之間也成為流行風潮。

西漢時期彩繪陶俑　其頭上所戴的即是有耳的平上幘。巾幘在頭頂為平坦無凸起的造型，通常為當時的武官所佩戴。

西漢彩繪陶俑　其頭上的幘為文官所使用的介幘。有類似夾角屋頂造型的凸起，由圖中可見此款介幘，經布條纏繞後也形成有耳的頭部飾品。

漢文帝時幘的款式有了改變，例如加寬覆在額頭的部分、或增加垂耳、或在幘的後方加上開口，並有介幘、平上幘（或稱平巾幘）等名稱。如果有覆蓋頭頂且頂端隆起，造型類似夾角的屋頂則稱為「介幘」，是文官所佩戴的。至於平頂的幘，則叫「平上幘」，是武官的頭飾。

幘的一般用法是先戴上幘再加上冠飾，具有壓住頭髮固定冠的作用，但是僅限成年男子佩戴。未成年者的幘仍然是空頂，其造型如頭箍。

幘有多種顏色，文武百官用黑色、軍隊士卒用赤色。自漢朝起，僕役專用綠幘，到魏晉南北朝及隋唐時期，仍然繼續沿用沒有改變，廚子也用綠幘。唐朝以後幘的款式逐漸消失，由幞頭取代。

幞　頭

巾、幘的下一步演變是北周武帝制定的「幞頭」。幞頭與巾、幘的區別是在四角的差異，先將方形頭巾（黑色紗羅）裁製出四角，並延長四角裁成寬帶形狀，即成幞頭。佩戴時將幞頭覆蓋在頭頂，而前面的部分左右各打三個褶，象徵天地人三才，四角帶的後面二角由腦後向前，從下面到上達頂部在額頭上綁住；另外二角先包住前額，再繞到腦後綁住後下垂，下垂部分稱為腳或翅。《宋史》裡記載，幞頭又可稱為折上巾。

隋唐時期是幞頭盛行的時代，隋朝曾以梧桐木製作幞頭。唐朝時使用羅做成軟質巾子，而垂在腦後的幞腳有長過肩膀或縮短到頸部者，一般稱為「軟腳幞頭」。此外，尚有兩腳左右平直伸出者的「展腳幞頭」，為文官所戴；兩腳腦後交叉者的「交腳幞頭」，為武官所戴。

唐代幞頭的式樣富於變化，據《舊唐書》記載我們可以得知，在唐高祖、太宗、高宗時期流行平頭且造型較小的款式，此種幞頭的頂部齊平、類似平臺扁平狀。武后時期，由其首創並賞賜給諸王近臣的幞頭，頂部出現明顯的分辦並有凹陷，則稱為「武家諸王樣」或「武氏內樣」。唐中宗景龍四年（西元 710 年），幞頭明顯的增高，在頂部分成兩瓣形成圓球狀，並向前傾斜，稱為「英王踣樣」。到唐玄宗開元十九年（西元 731 年），出現的官方巾子，其頭部略呈尖形，圓球與前傾已不明顯，也可稱為「內樣」或「開元內樣」。晚唐以後，幞頭轉為「硬裹」的型態，先用木料製成頭套，再將巾帛包裹在頭套上直接戴上，非常簡便。

唐・閻立本「步輦圖」　唐太宗頭上所佩戴的即是幞頭。此幞頭的頂部呈平扁狀，有兩條垂在腦後過肩長度的幞腳。

五代時期，幞頭由原先軟而前傾的款式，變為內襯以葛藤為支架，外面包上紗羅並有髹漆的硬質帽胎（或直接以漆紗製成，不加硬胎），稱為「漆紗幞頭」。自此幞頭漸漸脫離巾帕的造型，成為固定外形的帽子。又在幞腳中加入竹篾、葛藤或鐵絲為骨架，外面包裹紗羅，使兩腳像翅膀般平展在耳旁兩側，或是兩腳朝上舉起如朝天。此外，幞腳的變化可圓可方，如蕉葉、團扇等多種形狀。

宋太宗　宋太宗所戴的即為展腳幞頭。

宋朝以後，幞頭已成為男士的主要冠帽。因硬腳可做出各種形狀變化，所以有直腳（展腳）幞頭、曲腳幞頭、交腳幞頭、朝天腳幞頭等名稱。也因為身分的不同，配戴的幞頭亦不同。如帝王穿朝服戴上展腳幞頭；百官穿公服戴直腳幞頭，左右展腳形如直尺；宋朝儀衛的幞頭則用曲腳、朝天腳或交腳幞頭。曲腳幞頭的外觀是將雙腳製成彎曲的形狀，朝天腳幞頭的左右兩腳朝上高翹，交腳幞頭的高翹雙腳呈交叉狀。除此以外，尚有花腳幞頭、宮花幞頭、鳳翅幞頭、牛耳幞頭、順風幞頭等。

後唐莊宗　其頭上戴的就是朝天腳幞頭。

由於幞頭在宋朝已變成公服，成為文武百官的官用服飾，所以宋朝的文人雅士，又開始恢復以幅巾裹頭為雅的風氣。直至明朝，男子皆盛行戴巾。清代以後幞頭則成為歷史名詞。

帽

帽的出現很早，在六千多年前的新石器時代文化遺址，就出現戴皮帽的陶俑，所以根據這個發現來判斷，戴帽子的歷史是非常久遠。由於戴帽比著巾方便省事，故日漸流行，成為平民百姓的常服。但是隨著戴帽者增多，帽子又成為可顯示身分高低的標誌，而產生了冠。

漢代時期，一般男子先以頭巾將頭髮束紮起來，再戴上小帽，如漢樂府詩《陌上桑》：「少年見羅敷，脫帽著帩頭」，帩頭即頭巾。魏晉至五代時期，男士流行戴各式造型的紗帽。

宋代士人戴帽風氣極盛，且別出心裁，有小帽、圓帽、布帽、草帽、風帽等。元朝的帽子冬天以毛皮為主，戴暖帽或帶後檐帽；夏天就戴圓形笠帽，上面飾有寶石。明朝的一般男性戴圓形的六合一統帽，也稱為瓜拉帽。此種帽子一直沿用至清代及民國，並改稱為「瓜皮帽」，《清代北京竹枝詞》曾提道：「瓜皮小帽趁時新，金錦鑲邊窄又勻」，即為此款圓頂小

西方人筆下的清代帽子店

帽。瓜皮帽的質料在春冬時以黑緞料為主，而夏秋之際則改用黑紗。

胡　帽

唐朝彩繪胡裝俑　其頭上所戴即是當時流行的胡帽。經過裁剪縫製後之帽頂為圓尖造型，帽檐往上翻為山形的設計，同時沿著帽緣有一圈的鑲邊裝飾，且在兩側有類似護耳的保暖功能。

古代的婦女在家裡時梳髮髻，外出時則戴帽子。唐朝受西域文化的影響，胡風盛行，婦女開始流行佩戴胡帽，但天寶年間之後，胡風不再興盛，胡帽也退流行。胡帽是西域地區民族所戴帽子的總稱，不僅用於男性也用於婦女。一般可分為錦帽、珠帽、搭耳帽、渾脫帽等款式。錦帽是用彩錦製成，有尖頂、圓頂或翻檐邊等變化。珠帽又稱蕃帽，原為吐蕃民族的便帽，以彩錦、皮革或絨氈等材質加上珠子裝飾而成。搭耳帽以皮革製成，兩側加上可保護耳朵兼具保暖的耳罩。渾脫帽是指用動物皮革製成的皮帽。

烏紗帽

我們常在政治官場上聽到「烏紗帽不保」的用語，其含意引申為丟官、去職的意思。早在魏晉南北朝時期就已出現用紗縠（質地較輕薄稀疏的絲帛）製成的「紗帽」；當時的紗帽分為黑、白兩種顏色。帝王貴族多用白色，在上朝議政或宴見賓客時佩戴；庶民百姓則戴黑紗帽。至東晉成帝時，朝廷百官開啟戴黑色紗帽的

明朝時期的烏紗帽　為烏紗製作的前低後高之圓頂官帽，兩側有長橢圓形的帽翅。係由幞頭演變而來，內有金屬絲所編成的帽胚，作為帽子定型的框架，外面再覆蓋黑紗。明朝時烏紗帽演變成為百官的公服形式。

風氣，到南朝宋明帝時仍廣為流行。紗帽並無固定的型式，有作成捲檐式類似荷葉的形狀，或兩端做出角度的外型等。直到唐代，紗帽仍用於正式的禮服上，而此時幞頭已漸漸流行，並用於朝服上。宋朝時仍然流行佩戴紗帽，有平頂方形、尖頂桃形或高頂筒形等不同變化。

明代將烏紗帽規定為文武百官的官帽，此時的烏紗帽外型是取自於幞頭，先以鐵絲編成框架，再覆蓋上黑紗為表面，內襯用漆藤絲或麻，圓頂的帽身前低後高，左右各有一個帽翅（如同幞頭的展腳）。「烏紗帽不保」的說法，指皇帝廢除官員的官位時，當場摘除紗帽、脫去官服，象徵收回官銜與權力。自此以後，烏紗帽遂成為官員的特有標誌，並逐漸成為官位的象徵或官職的代名詞。清朝滿族服飾另樹一格，官員改用朝冠，不再戴用烏紗帽。

蓋　頭

帽子除了擋風禦寒外，並可以用來遮住臉部。最早期的「蔽面」是用帛巾（也稱為面衣、面冪）；魏晉南北朝時期用較薄的黑色紗羅蓋住頭部。隋唐時期，將面衣與帽子複合，稱為「冪ㄇㄧˋ䍦ㄌㄧˊ」（可遮蔽臉部或全身）。冪䍦本是西域人民的頭飾，不分男女皆可使用，主要是出行時，為防止並遮擋路途上揚起的風沙塵埃及禦寒。北朝後冪䍦傳入中原，成為婦女專用，不僅禦擋風塵，也作為防止路途行人窺見面容之用。唐高宗時「帷帽」興起，帷帽的款式是以藤篾所編的笠帽，在帽子的外沿加上一圈下垂的紗網來遮蔽容貌。帷帽的戴卸方便且較為美觀，比冪䍦的穿透性高，可隨時撩起面紗淺露面容，因此逐漸取代了冪䍦。當紅於 1960 年代臺港兩地的國語武俠電影——「龍門客棧」，影片中俠女蔽面的造型，即擷取自唐代婦女戴帷帽的形像。

宋朝時期蔽面風氣又開始流行，一般婦女使用「蓋頭」當面衣，用一塊方形布巾覆蓋頭部或用兜巾戴在頭上，直到清朝末年，新娘婚嫁時仍戴著紅色的蓋頭，由新郎將蓋頭挑開。有一首中國新疆民謠「掀起妳的蓋頭來」，所唱的就是形容美少女戴著蓋頭，引發他人想要觀看蓋頭下容貌的遐想。

戴著面冪的唐朝婦女　面冪罩住整個頭部，長度到肩膀上，平頂，在臉部有個方圓形的開口。面冪有保護臉部或遮蔽容貌的功能。

戴著帷帽的唐朝婦女　帷帽的戴卸方便，外表也比較美觀，外罩的帽裙（即紗網）可隨時撩開。

冠

冠的作用與帽不同。古人戴帽子多半是為抵禦寒冷，而戴冠則為裝飾，所以冠是在帽子之後才出現的。雖然如此，冠出現的時間也很早，大約在漢朝之前就已經制定。古人重視冠的佩戴方式，未成年者或身分卑賤者不可以戴冠，只能裹巾。歷代的各種冠，只限於文武百官佩戴，平民百姓不可以戴。從君主到士的階級，男子滿二十歲時都要行「加冠禮」，來象徵脫離童年的生活，開始負起成人的責任，也就是一般形容的「弱冠之年」。自周朝以來，歷代皆非常重視冠的款式與佩戴規範，直到清朝皇帝遜位後，才不再以冠的名稱來區別職位尊卑。

歷代冠的製作，往往是因應當時的需求不斷的推陳出新，但是，主要組成部分皆有「梁」及「武」。梁是冠體的主要部分；武即冠圈，又稱冠卷。冠的底部圍繞額頭的帽圈，是固定或裝飾圖紋的基礎。冠的名稱繁多，如盛行於秦漢時期，歷經唐朝沿用至明朝帝王所戴

漢朝木俑　其頭上所戴即是漢代男子的長冠。長冠是一種祭冠，相傳為漢高祖尚未發跡之前所佩戴的冠飾，故又稱「劉氏冠」。此類長冠以竹皮為骨架，冠頂扁平而細長，有繫帶在下頷處固定。

佩戴通天冠的宋朝皇帝　通天冠在秦朝之後為皇帝在朝賀、燕會等場合所使用。此種冠以鐵絲為內部骨架，外面覆蓋細絹布，並有名為「山」、「述」的裝飾配件。通天冠一直沿用到明朝，滿清入主之前。

北朝陶俑　陶俑頭上罩戴的即是漆紗籠冠。魏晉南北朝時流行頭戴小冠，在小冠上外加籠巾，稱為籠冠，因用黑紗加以塗漆製成，故也稱為漆紗籠冠。籠冠的冠頂呈平臺狀，兩側下垂遮住兩耳，為當時男女性流行的冠帽。

佩戴花冠的宋朝宮女　開始時花冠以新鮮花卉製作，後來由於無法長久保持鮮豔，便以通草、彩色紙或羅絹製作的假花替代。假花有不凋謝、不受季節限制與歷久耐用的優點，深受古代婦女喜愛。由圖中可看出，除了大量的花卉之外，還有珠寶飾品增加花冠富麗的風采。

清朝皇貴妃的夏朝冠　圓頂冠以青絨材質製成。冠身鋪滿朱緯，並綴飾七隻金鳳，冠後加飾翟鳥一隻。冠頂以三雙金鳳分層裝飾。金鳳與金翟上綴以珍珠、東珠及貓眼石等。

的「通天冠」，及漢唐諸王所戴的「遠遊冠」。漢朝的文官戴「進賢冠」、武官戴「武冠」、法官戴「獬豸冠」。魏晉南北朝時期的「漆紗籠冠」、唐朝的「翼善冠」，宋明時期的「貂蟬冠」，及清代時期冠上飾有毛皮、翎毛、頂珠的「朝冠」等。

鳳　冠

中國婦女的冠飾中，最著名且尊貴者首推為宋、明時期的「鳳冠」，而鳳冠就是因冠上飾以鳳凰而得名。早在漢代時期，皇后入廟堂行禮時，頭上即裝飾有鳳凰、翠花等，後歷經各朝而有所變革。至宋代時以鳳冠定為正式禮服，北宋鳳冠上的裝飾除了鳳凰以外，

頭戴鳳冠的宋仁宗后

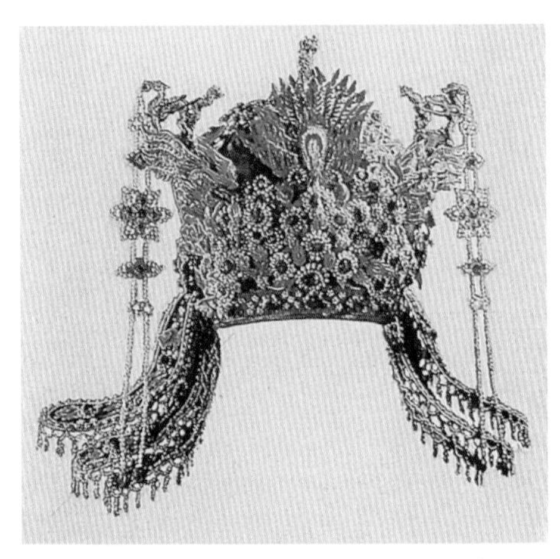

定陵出土的萬曆孝靖后鳳冠　此冠高 27 公分，重達 2320 公克，裝飾了九龍九鳳。

還有珠翠花釵及翬鳥等。而南宋時又增添龍的造型，稱為龍鳳花釵冠。元朝的皇后穿著傳統蒙古服飾，戴用顧姑冠（或罟罟冠），冠上並未裝飾鳳鳥造型，但仍有珠寶花飾等。明朝也戴鳳冠，甚而比宋代更為考究，在鳳冠兩側的龍嘴各銜掛一串珍珠花飾。依據明代制度規定除皇后、妃嬪以外，其他人等概不允許私戴鳳冠。因此，無論是品官或平民嫁娶時，婚禮上新婦正室皆頭戴鳳冠、身披霞帔的華麗裝扮，實際上是借用鳳冠霞帔之美名，而以花釵珠翠冠及雲肩來替代。清代后妃的禮服戴用朝冠，而朝冠上亦裝飾有金鳳珍珠等，似乎名稱上與鳳冠並無關係，實際上也算是類似鳳冠的造型。

弁

弁的起源應該也是在帽子之後的頭部裝飾。因為弁是屬於一種很尊貴的冠，一般只有貴族階級以上的人從事祭典、朝政或處理公務時才佩戴的。因此，弁的使用率遠不及冠的普遍和久遠。弁的名稱用法有廣義與狹義的兩種。廣義的來說，弁是指古代冠的總稱；狹義的弁是指「皮弁」（用於視朝)、「韋弁」（軍戎服)、「冠弁」（田獵服)、「爵弁」（用於祭祀)、「武弁」（武官之冠）等。

明朝皮弁　早期使用白色的鹿皮縫製，隋、唐代以後則用藤篾為骨架，外面包覆薄紗製作而成。弁的中間穿過一支金簪，是用來把皮弁固定在頭髮上的。

關於弁的樣式，其造型有如倒蓋的杯子。弁帽上有數條縱向的接縫線，一般稱為「會」。在會與會相連之間，裝飾著一行行十二顆的彩色玉石，稱為「璂」。用璂的數量多寡來表示戴弁者的身分地位；如皇帝的弁為十二顆，諸侯為九顆，大夫七顆或五顆不等。

冕

古代帝王在祭祀和舉行各種典禮時所戴的禮冠稱為「冕冠」，簡稱「冕」。冕是在弁之後出現的，基本上由弁演變而來。冕也是最尊貴的一種冠帽，只有在上位者才可以配戴使用。相傳冕創於黃帝時代，並一直沿用至明代，清朝時戴冕的制度才廢除。

冕主要由「延」（也稱為綖）及包裹固定頭髮的「冠」組成，其他部位名稱尚有：

冕冠部位名稱（以南宋馬麟繪「禹王像」為依據）

延：或稱「綖」、「冕版」，裝飾在冕冠的頂端。延為一長形版，前圓後方，象徵天圓地方。

旒ㄌㄧㄡˊ：在冕版的前後二端垂旒，旒是由十二顆玉珠以「藻」（絲繩）串成，最多有十二串玉藻垂掛於冕版的前後端為冕旒，並按身分階級高低，冕旒的數目依次遞減；如天子為十二旒，諸侯九旒，大夫七旒或五旒。

紐：冠帽的左右兩側各有一線圈小孔為紐，戴冠時以笄（即髮簪）穿過紐孔，讓笄貫穿髮髻來固定冠。

衡：有笄、髮簪、簪導等名稱；透過笄可將冠與髮髻固定在一起。

纓ㄧㄥ：即冠帶；在冠的兩側紐孔上各綴結一條繩帶，順頰而下繫結於頷下，下面垂飾的部分稱為「緌」。多用於冕、弁以下的冠帽。

紘ㄏㄨㄥˊ：僅使用一條繩帶，繞過頷下，再繫結於二端的玉笄上。多用於冕、弁等冠帽上。

紞ㄉㄢˇ：繫在簪上的彩色絲繩，垂於冠的左右二旁。

瑱ㄊㄧㄢˋ：紞的下端各吊掛裝飾著一個丸狀的玉石，也稱為「充耳」；如果用黃色絲球代替，稱為「黈ㄊㄡˇ纊ㄎㄨㄤˋ」。

以上關於冕冠飾物造型上的特徵，或有其特殊的用意。其中「延」的角度並非水平，而是前俯後高，意在警勉戴冕者雖位居高位，但要俯伏謙遜，不可倨傲驕矜。成語中有「視而不見」、「充耳不聞」等，主要是指冕冠垂旒會遮蓋住戴冕者的視線所以蔽明，表示戴冕者目不視非、不視邪。而冕冠二側的充耳，用以塞聰止聽，提醒戴冕者不輕信讒言，聽而不聞。冕冠上的特殊形制，不僅是裝飾美化目的，亦蘊含隱喻規範，規勸人君不尊大、不聽讒、明是非、求大德的深遠期許與意義。

髮 型

辮 髮

古代中國無論男女老少都留著長頭髮。「披髮」是先民最古老的髮型，就是將頭髮任其自然的披散，不加以梳理修剪。這種最自然的髮型有悠久長遠的歷史，即使進入文明社會後，仍有部分男女保留披髮的習俗。後來因為披髮造成行動與生活的不便，所以把頭髮編結成辮，即是「辮髮」。到春秋戰國時期，因為各種髮髻的流行，梳辮才逐漸減少。

河南殷墟出土的人像　其頭髮梳綁集中於頭頂，然後編成辮子下垂於後腦。商朝末年、周朝初期時，這種髮型在中原地區的婦女間仍十分流行。

巾幗

鬟髻　明・仇英的「漢宮春曉圖」內，梳著中空鬟髻的漢代嬪妃。仕女將頭髮盤在頭頂，且分成四股環狀的髻，並簪插許多頭飾。

在歷史上常聽到，花木蘭、梁紅玉與秋瑾等巾幗不讓鬚眉的奇女子，而「巾幗不讓鬚眉」、「巾幗英雄」中的巾幗到底為何呢？古代婦女的髮髻造型十分豐富，有的梳在頭頂，或梳在後腦。頭髮挽束成緊實的稱為「髮髻」，而盤成中空的環狀是為「鬟髻」。如果使用假髮梳成的髮髻，稱為「假髻」（或假紒）。早在周代就有「編」、「次」與漢代的「簂ㄍㄨㄛˊ」等不同型態的假髮。「編」是用人髮編結成的假髮，而「次」是取人髮編成巾狀，上端包在髮髻上，下端披在腦後並垂及肩部，因為形狀類似頭巾，所以後世改稱為「巾幗」；而「簂」則改用馬匹的尾毛製成假髮，之後也以黑色繒帛代替毛髮，內襯金屬框架，覆在頭頂以簪固定。因此，巾幗由早期婦女用以覆髮的頭巾或髮飾，至今演變成為女性的代稱，而巾幗英雄則為「女英雄」的代名詞。

鬟　髻

隋唐時期是髮髻的鼎盛時期，如隋代的翻荷髻、坐愁髻、八鬟髻、九真髻及側髻等。唐朝的髮型仍然以高髻為最流行，至晚唐時期婦女的髮型更是濃厚高大。當時的髮型有唐高祖宮中的半翻髻，貞觀時期的雲髻、驚鵠髻、倭墮髻、雙鬟望仙髻及晚唐時期的鬧掃妝髻、峨髻等。除此以外，尚有螺髻、鳳髻、寶髻、反綰髻、烏蠻髻、同心髻、拋家髻、回鶻髻等變化。

宋元時期的婦女仍以梳著高髻為主，流行朝天髻、包髻（束有巾帛）、流蘇髻等。明朝婦女髮髻在高度上明顯地下降，除喜愛戴假

墮馬髻　墮馬髻相傳流行於東漢桓帝時期，特點是髮髻長度到背後，同時歪斜在一側，好像剛剛摔下馬來，弄亂了頭髮一般。梳這款髮型時，走路時甚至有名為「折腰步」的特殊步伐來配合，以增加女性行走時的嫵媚感。

髮鬏髻外，還有盤龍髻、挑心髻、牡丹頭、缽盂髻、鬆鬢扁髻、一窩絲杭州纘等髮型。

清初漢族婦女仍沿用明朝的髮式，並以流行於蘇州地區的髮型最知名，如牡丹頭、荷花頭、缽盂頭等。清朝中期流行的髮型，有元寶頭、蘇州撅（或稱蘇州罷、拖後髻）。清末有巴巴頭、雙盤髻、圓髻、蚌珠頭等，年幼者或在額前留短髮，甚至在光緒庚子年後（西元 1900 年），婦女不分長幼，皆額前蓄留「前瀏海」。中國婦女的髮型演變到民國時期以後，其實已經具備西方現代化髮型的雛形，髮髻的複雜性也大幅降低，同時修剪頭髮的風氣逐漸盛行。「剪燙頭髮」做出現代感的髮型，社會禮教也不再視其為大逆不道而嚴加討伐。

梳著飛天髻的「飛天仙女」 圖內的「飛天」頭髮部分在頭頂分成數個中空的鬟髻，剩下的類似馬尾綁在後腦下方。飛天髻始於南北朝，後一直流行於宋、明各朝。

梳著半翻髻的初唐婦女 半翻髻由側面觀看時，造型類似翻捲的荷葉，所以也稱為「翻荷髻」。頭髮全部梳到頭頂，再盤挽向下翻轉做出傾斜的效果。

唐・周昉「調琴啜茗圖」內梳著倭墮髻的唐朝婦女　倭墮髻為墮馬髻的變化髮型，保留傾斜、低垂與斜側在一邊的特徵。圖中的仕女頭頂為單環的鬟髻，並在髮髻上插著梳子作為裝飾。

唐朝仕女帛畫　畫內的仕女即是梳著驚鵠髻。驚鵠髻是由驚鶴髻轉變而來的，髮髻梳在頭頂盤挽成兩束，像是受驚的鵠鳥要展翅而飛的樣子。

北宋時期的彩塑侍女　所梳的髮型就是朝天髻。朝天髻是向上高梳的髮型，先將頭髮在頭頂上編成兩個髮髻，再將髮髻向前反搭，使其傾向前額，具有高聳的效果。

清・楊晉「山水人物圖卷」裡梳著鬆鬢扁髻的婦女　這種髮型多流行於明末清初時的漢族婦女之間。除了腦後與兩鬢的頭髮以外，梳理鬆鬢扁髻時也一起包括把前額上的頭髮，分置臉頰的兩側，此款髮型給予人莊重、高雅的印象。

拖後髻　在清朝同治年間梳著拖後髻的上海婦女。拖後髻把所有頭髮集中在後腦，分成三股編成一個長而後翹的髮髻，像辮子一樣拖搭在背後，所以稱為「拖後髻」。

瀏海　清朝末年時，一般的婦女都喜歡將額前的頭髮剪短，留下一綹短髮覆蓋在前額，稱為瀏海頭或前瀏海。瀏海有多種不同的造型，圖片內的是剪著燕尾式瀏海的婦女。

旗　髻

清朝滿族婦女梳旗髻，有兩把頭，大拉翅等髮型變化。兩把頭的頭頂外觀像「一」字，因此又有一字頭、叉子頭的名稱。通常將頭髮梳至頭頂，分成兩把，在頭頂梳挽成左右兩個平髻；或襯以鐵絲做成的框架，將頭髮盤結在雙架上梳成雙角形，髻中橫插一支扁方（類似超大型簪子的架子），當作髮型的「底座」，再將餘髮繞在扁方上，盤梳兩側成扁平狀，髻中插上簪釵鈿朵等首飾，因此又稱為架子頭。到了慈禧太后時，又製成新的髮型。以黑色絨、緞裁製成一個扇形如牌樓狀的假髻，梳妝時直接套戴在頭上，並點綴插上用綢緞製成的花朵和珠翠首飾，兩端垂掛紅線穗子，此種髮型俗稱大拉翅。民國以後婦女流行剪髮，此後大拉翅便消聲匿跡了。

清朝的「貞妃常服像」 所繪的
貞妃即是梳著兩把頭的造型。

梳著大拉翅的滿族婦女

髮 飾

笄、簪

骨笄　此骨笄的上半部刻有夔龍的精緻圖紋，邊緣有鋸齒狀的刻紋裝飾。此類型的髮笄，多在商代後期才有。

中國古代無論男女都是留著長頭髮，為了使頭髮不易散開，多用笄插入頭髮之間固定髮型。按照周朝笄禮的制度，女子滿十五歲並已許有婚嫁的人，舉行成年禮後才可插笄，稱為「及笄」。若滿二十歲仍未許配人家，則也要舉行「笄禮」，但僅是象徵插個髮笄。因為髮笄大多橫插在頭髮上，所以又可稱為「衡笄」。笄有兩個功能，一是固定髻鬟，使髮型不鬆散；另一方面有固冠的作用，也就是將冠固定在髮髻上，所以也會在冠上插笄。

早期髮笄的材質種類繁多，有木、竹、荊、石、陶、骨、金、玉、銅、象牙、牛角、玳瑁等。外形則有圓柱、扁平或圓釘形等。笄頭多呈傘形、幾何形、鳳鳥、夔龍等圖案。

在笄上所加的玉質飾物則稱為「珈」，是笄飾中最頂級隆重的。

清朝銅製鎏金造型髮簪　中間較細、兩端如葉片形狀較寬，上面刻有花卉的圖紋。用來固定並裝飾髮髻，髮簪精緻但不華麗。

秦漢以後，笄又稱為「簪」。因材質不同而有玉簪、金簪、銀簪等。漢朝的玉簪又稱為「玉搔頭」，漢劉歆《西京雜記》中記載，武帝以李夫人的玉簪來搔頭止癢，自此宮人們搔頭皆用玉簪，搔頭之名由此而來。唐詩「步搖金翠玉搔頭」、「雙鬟慵插玉搔頭」等也多次提到玉搔頭的流行。唐宋以後髮簪材質的變化更多，除金、玉以外，更有琉璃簪、玳瑁簪、翠羽簪等，簪首的變化最常見的有花朵形、如意形、鳳鳥形等。

釵、步搖

髮釵與簪的功能相同，都是用來插住頭髮，但外形上略有不同。一般而言，簪腳多作成一股，而髮釵有分叉作成兩股。漢朝婦女的髮釵，有金釵、銀釵、翠釵、玉釵、荊釵（楚木釵）以及犀角、玳瑁等製品。釵首的變化有多種的鳳鳥花蝶的造形，一般稱為「鳳釵」、「花釵」、「金爵釵」等。

早在周朝時期，就已有造型類似步搖的頭部飾品，在當時稱為「副」。所謂「步搖」，是指直接插在髮髻上而有瓔珞下垂的首飾。步搖的底座通常為釵，釵上裝飾有活動的花形垂珠，走起路來隨著步伐的移動而搖動。換句話說，步搖是「邊走邊搖」的頭飾。

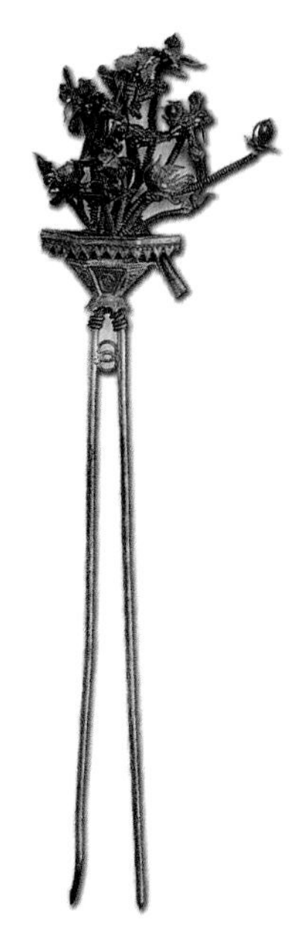
清朝銀製的兩股髮釵　花卉造型的釵首，花朵下方花莖的部分為細小的螺旋狀銀絲。因此，走路時髮釵會輕微地產生顫動的律動感。

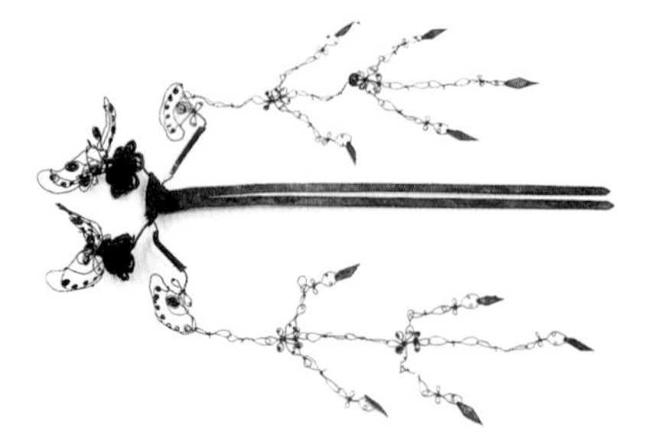

五代時期金鑲玉步搖　底座為兩股的釵腳，釵首上有垂墜可晃動的小型環狀花飾。步搖的裝飾作用遠大於固定頭髮的功能，隨著走路的移動步搖也跟著震顫，或多或少增加佩戴婦女的誘人風采。

東漢、魏晉時期的步搖造型像樹枝的形狀，上面或有花鳥禽獸等裝飾。唐朝婦女使用步搖也十分普遍，一般多用金玉作成鳥雀的形狀，並在鳥雀的口中，銜掛珠串。如唐代詩人白居易在《長恨歌》中提到，「雲鬢花顏金步搖」、「翠翹金雀玉搔頭」，就是描述楊貴妃頭戴金步搖、翠羽簪、金雀釵及玉簪等滿頭珠翠的形象。至明清時期多將步搖改稱為「珠釵」。

新石器時代的象牙梳子　梳柄上有呈S幾何形狀的透空雕刻圖案，最頂端有四個小鋸口，接著有三個小圓洞，梳齒較細密。由此可了解到四、五千年前，人們早已使用梳子整理頭髮，同時梳子的製作已十分精美完善。

梳、篦

中國自古注重禮儀，人們對自己的儀容裝飾十分重視。在尚未有梳子之前，人們是用手指扒整頭髮。相傳梳子的由來是，軒轅黃帝的第二位妻子方雷氏請工匠製作的。起因於每次遇到宮廷裡重大節日、慶典時，她都要用自己的手指，把身邊蓬頭垢面的宮女的頭髮耙順。如何整理儀容變成她

戰國時期彩繪木篦　馬蹄形的外形，梳柄上繪有彩色的圖紋。由細密的梳齒可見當時手工藝製作技術的精良，小小的一把木製篦子，密密麻麻的排滿薄如紙片的梳齒。

唐代銅梳　梳子上雕刻細緻的花鳥圖紋。梳齒呈扁平狀且齒縫細密。也是馬蹄形的外形，由於為金屬銅片的材質，所以梳子本身較薄。

的煩惱。有一年發生水災，替黃帝造船的狄貨，從洪水中撈出十九條非常大隻的帶魚。方雷氏把魚用石板燒烤熟後，狄貨一口氣吃了三條，而且丟了一地的魚骨頭。方雷氏隨手拿了一節魚骨，無意中把玩梳頭髮，意外的將頭髮梳理整齊。回宮後，就將魚骨分給宮女們，教她們照樣梳頭髮。但是，不小心梳得太用力會弄斷魚骨或刺傷頭皮，所以，她就請木工師傅依照魚骨的樣子，用木頭做出相同的造型。然而，第一把梳子工匠作得太粗，每個梳齒有手指頭的大小，根本沒有辦法梳頭髮。後來再請工匠改良，用竹子作成更細齒的梳子，於是中國第一把梳子就誕生了。

另一種說法是由手指的外形啟發，最初的梳子只有五齒，之後梳齒有八、十一、十二、十三、十五、十六等數目不等。一般而言，髮梳的齒部較粗而且稀少,「篦」的齒部較細而緊密,可以用來清除髮垢。古時梳、篦是婦女梳妝的隨身必備品。時間一久,便形成在髮髻上插戴梳子作為裝飾的風氣。早在四千年前的新石器時代,人們即有插梳的習慣。

商朝的梳子多用玉、象牙等材料製作,外形為直豎形。戰國至秦漢時期的婦女,似乎沒有插梳的習慣,所以多用竹、木的材質為主,造形以圓背弧形或馬蹄形外加裝飾鏤空圖案居多。直到魏晉以後,插梳又回復流行;更在唐朝盛極一時。隋唐五代的梳子大部分是梯形或月牙形,材料有金、銀、玉、犀角等,並雕刻裝飾著精美細緻的圖案。有時候甚至會在頭髮上同時插數把小梳篦,將梳背淺淺地露出或梳齒上下對插。唐人詩詞中有「滿頭行小梳」、「小山重疊金明滅」,就是對當時婦女在髮髻上插梳情境的形容。宋朝婦女插梳的流行風氣不下於唐朝,而且梳子的尺寸較大。元朝之後,插梳的風氣才逐漸減少。

鈿

「鈿」是指花朵形狀的鬢花飾品,又可稱為「鈿兒」或「花鈿」。一般有兩種類型,一種是在花飾的背面有簪腳,可直接插於頭髮上;另一種是花飾的背後沒有簪腳,在花蕊或花瓣上留下小孔,使用時將簪、釵插入小孔內固定在髮髻上。花鈿是晉朝、唐朝婦女盛行的頭飾。如果用金、銀、銅的材質製作的為「金鈿」,在金鈿上加上裝

簪花的東漢婦女　該婦女頭上插簪的是有大有小的數朵菊花。漢朝以後婦女簪花的風氣仍然盛行，所簪的花朵可依季節的變換，簪插不同的時令鮮花。

宋人「紈扇仕女圖」　仕女的儀容端莊秀麗，頭髮以紅色細線紮綁成多個髮髻，頭上則插滿簪花與飾品。簪花也是裝飾功能大於固定頭髮的實用性。材質的使用從較為平實綾羅布料所做的假花，到珠寶串成的華麗設計都有。

飾的翠鳥羽毛就成為「翠鈿」，鑲上寶石的為「寶鈿」，花鈿的造形有團花式、折枝花式。由「鈿頭雲篦擊節碎」、「花鈿委地無人收」、「豔舞落金鈿」、「寶鈿香蛾翡翠裙」等膾炙人口的唐人詩詞可知，唐代婦女甚喜用鈿作為髮飾簪戴頭上。

另外也有在頭上髮髻插戴新鮮花朵來裝飾，如宋朝婦女會用髮簪固定鮮（真）花，牡丹花、山茶花、薔薇等都是很受歡迎的鮮花。此外，婦女也會使用綾、羅絹作成人造花來裝飾佩戴；或用珍珠串

敦煌莫高窟壁畫　滿頭髮飾的五代婦女從釵、步搖、簪、簪花到花鈿應有盡有，裝扮華麗無比。

清朝命婦所佩戴的點翠鈿子　宋朝年間曾經因為提倡節儉風氣，禁止婦女使用珠翠（珍珠與翡翠的統稱）作為首飾；到明、清時期又開始流行，成為貴族婦女們的主要飾品。通常各類珠翠與金銀組合成花朵的造型，結合在簪、釵上。

綴而成的鬢花、珠花，都在六朝以後非常流行。

簪花非中國女性的專利，宋代的男子亦喜歡簪花。在喜慶之日，群臣百官巾帽上都會簪戴花朵。明清時代以後，男士簪花的風氣漸少，但科舉考試優勝的狀元、榜眼及探花等，依例仍簪帶花朵以示榮耀。

頭　面

除了上面所提到的各種飾品外，古代婦女還會在頭上插滿各種頭飾，如「勝」、「鬧蛾」、「燈球」、「珠翠」等首飾。

戴勝的西王母

「勝」是古代傳說中西王母常用的頭飾，由於西王母被視為長生不老的象徵，故所戴飾物自然是吉祥之物。根據許慎的《說文解字》中記載，勝是指紡織機的經軸兩端的搬手，俗稱為「八角星兒」；中國自古重農桑、提倡男耕女織，將織機上的勝縮小造型裝飾簪插在婦女的頭上，即具有特殊的象徵意義。漢魏時期，婦女戴勝的現象十分普遍，製作勝的材料也有多種，有金勝、玉勝，以布帛製成的織勝，裝飾有花紋的稱為花勝，作成菱形的是方勝。

鬧蛾、燈球是宋朝婦女在元宵節時配戴的頭飾。鬧蛾是以硬紙片剪成蛺蝶、飛蛾的造型黏貼在竹篾上，再和以綾絹製成的花朵組合插在頭上，好像蝶蛾追逐花朵般飛舞著。燈球則是用珍珠串在鐵絲或竹篾上的頭飾。珠翠即以珍珠、翡翠製成的首飾，為明清時期貴族婦女的主要頭飾。

漢代婦女的金勝

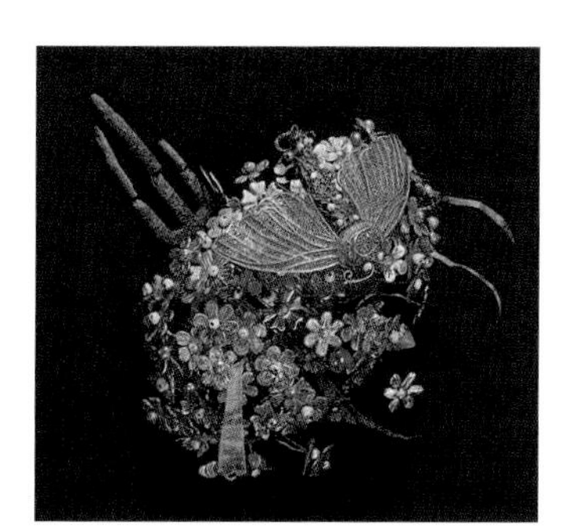
金銀鑲珠寶鬧娥

清朝金廷標所繪製的文姬像　蔡文姬身穿清代的服飾，頭上所佩戴的即是遮眉勒。由畫內的筆觸表現可推斷為毛皮製成，也就是臥兔兒。造型類似現代冬天裡禦寒用的耳罩，不過臥兔兒的裝飾性大於禦寒的功能。

遮眉勒

唐朝婦女到了開元、天寶年間以後，逐漸減少使用帷帽並改用透明的額巾，一般稱為「透額羅」。透額羅是使用質地輕薄、織眼稀疏的紗羅，覆蓋在頭上額間。宋朝民間婦女以條狀布帛纏繞額頭，改稱為「抹額」，有點類似現代所用的運動型髮圈。到了元朝的下層社會，則變為「漁婆勒子」。明清時期的抹額又稱為「遮眉勒」，並廣受婦女的喜愛而流行。此時的遮眉勒為了美觀裝飾，有的用織錦絲緞或紗羅等材質，製成中間窄、兩端弧度大到可以遮住耳朵的式樣，並且在正面有刺繡或以珍珠、點翠、花鈿裝飾，顯得相當華貴亮麗。另外也有使用黑絨、氈等製成的「暖額」，若用貂鼠、狐狸等珍貴毛皮製作的暖額，因狀如兔子蹲伏，所以也稱為「臥兔兒」。

雲想衣裳花想容

上 衣

衫

歷代以來「衫」的穿著使用非常廣泛，而且不分貧富貴賤人人都可以穿。衫是指單層而且沒有裡布的上衣，衣服長度一般都在膝蓋上下。最早期時，衫當作內衣來穿著，所以領口與袖口是沒有緄邊的。因此，衫不可以直接作為禮服，必須外加衣或裳。

《方言郭注》記載：「今或呼衫為禪襦，……禪襦，即衫也。」禪襦即單襦，因此衫多是指單層無裡布、以輕薄紗羅製成的上衣，又可稱為單衫；如製為雙層的大袖衣，則稱裌衫，為日後夾衣的統稱；若以數層布帛製成的衫則為複衫。

魏晉時期，衫採用直領對襟，前襟用繩帶繫結或敞開來穿，且為袖口寬敞的式樣，因其輕便灑脫而廣受士人喜愛，尤其以江南地區為多。南北朝及唐代，因受胡服影響多穿袍服，民間男女穿衫者日益減少。晚唐五代之際又重新流行穿衫，有寬衫、窄衫、長衫、短衫、黃衫、紫衫、緋衫、綠衫、青衫、藍衫等名稱，白居易《琵

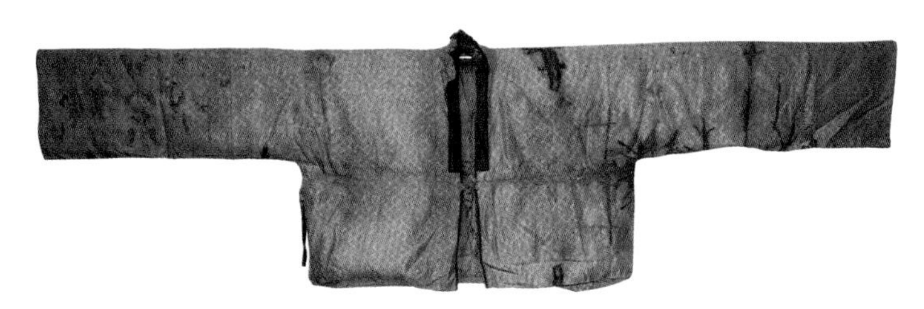

元朝時期的短衫　大部分是當時漢族婦女所穿著的衣服。長窄袖、領口鑲邊而門襟處有細滾邊；衣身長度大約在腰部左右，同時以繫帶綁合。

琶行》：「座中泣下誰最多，江州司馬青衫濕」的詩句對男士穿青衫有鮮明的描述。唐宋時期其他較流行的衫還包括：

襴衫：或稱為藍衫；始於初唐，唐宋時期的官員、士大夫等皆穿襴衫。襴衫的領口、衣襟、袖口、衣裾處皆飾有緣邊，且在衫的下襬近膝線處加有一道橫襴剪接，表示未忘記「上衣下裳」的古制，所以稱為襴衫。

缺胯衫：唐宋時期庶民百姓所穿的衫，多短小，衣長不過膝，並在胯部兩側各開一衩，以便於工作行動，故稱缺胯衫。

宋代因襲五代，也以穿衫為尚，但是衫的形制稍有改變，除了襴衫、紫衫還有涼衫（又名白衫，以白色紵羅製成）、皂衫、帽衫、布衫、毛衫等作為百官的便服，百姓的常服。元明時期有宮衫與官衫作為官服。清代時期男士多改穿袍服，因此穿衫的風氣不再流行。

大袖衫

舊說女性穿衫始於秦，《中華古今注》記載：「始皇元年，詔宮人及近侍宮人皆服衫子。」但從唐朝開始，婦女才流行穿著「衫」。元稹《雜憶》：「憶得雙文衫子薄，鈿頭雲映退紅酥」，因此說明女性穿的短而窄小的單層上衣稱為「衫子」，而長度比普通衫為短，故又稱為「半衣」，顧名思義，因為是很小的「半件衣服」，所以才叫半衣。《玉臺新詠・孔雀東南飛》中：「朝成繡裌裙，晚成單羅衫」，張泌在《江城子》中描述：「窄羅衫子薄羅裙」，西蜀花蕊夫人《宮詞》：「薄羅衫子透肌膚，夏日初長板閣重」，可知衫的名稱變化繁多，如單衫、夾衫、春衫、羅衫，還有披衫、蟬衫、茜衫、白紵衫等，可知一般女性穿衫的普及。

唐・周昉「調琴啜茗圖」 坐在石頭上的仕女，姿態悠閒的彎曲左膝將琴身置於雙腿上，以右手固定左手彈琴。上半身粉綠色的低領上衣就是作為內衣的衫子。而衫子搭配紅橘色的裙子，色彩的視覺效果鮮豔而對比強烈。

唐・周昉「簪花仕女圖」 穿著大袖透明寬衫的唐代宮女，充分顯露出大唐前衛、大膽的穿著方式。寬大的衣身在低腰處以布帶繫住，透明的布料與內衣是相似的紅色。以服裝整體的穿著而言，其視覺的裝飾性遠大於保暖、遮蔽的功能性。

南宋時期的矩紋紗對襟旋襖 是當時男士的服裝之一，衣服長度過膝、窄袖。在領口與袖口處有鑲邊的處理。

南宋時期的褐黃色素羅鑲邊大袖衫 是典型的直領對襟衫（衣領、門襟垂直而下沒有重疊或交錯的服裝款式），在衣服四周輪廓線上，鑲有花色布條作為裝飾。由於布料為羅組織，因此，衣服背面下襬之三角形剪接清晰可見。

此外，唐代貴族婦女有外著輕薄透明的對襟大袖寬衫式樣，我們可從唐代周昉的「簪花仕女圖」中看到此種大袖衫的造型。

宋代女衫也穿著對襟大袖寬衫的款式，因此將此種寬衫直接稱為大袖衫（或大衫）。明代以大袖衫作為貴族女性的禮服，另外將方領大袖的團衫作為婦女的常服。清代女性穿袍服較多，穿衫者日漸減少。

襦

襦是指長度不過膝的短上衣，見唐代顏師古注《急就篇》記載：「短衣曰襦，自膝以上」。襦有單夾之分，單層的稱為單襦；製為雙層、襯有裡布的稱為袷襦；中間納有綿絮（即絲絮）者為複襦。襦既可用作襯衣又可作為外衣，穿在單衫的外面，而長度從腰下至膝的上下，衣袖多以窄袖為主。

貴族婦女穿襦多為綺、羅或織繡有精美花紋等織物來製作，如《陌上桑》：「湘綺為下裙，紫綺為上襦」，晉人《采桑度》：「養蠶不滿百，那得羅繡襦」。另外也以織成、紗縠等不同材質的精美質料製成，甚至加上各色玉珠、珍珠串綴裝飾，如王褒《日出東南隅行》：「銀鏤明光帶，金地織成襦」；而庶民百姓穿著以麻、葛等材質製作的襦為多。

東漢以後，襦成為女性的主要服飾，多以方領交疊、下襬束紮在裙內的款式為主。有腰襦、長襦、合歡襦、鴛鴦襦等，如《玉臺

北宋時期的宮女　上衣即是屬於外衣的襦。領口交疊、衣服下襬紮入裙內，領口與袖口有藍色的寬幅鑲邊，配上朱紅色的衣身，是鮮明對比色的應用。宮女雙手拿的是類似長圍巾的裝飾品。

漢代加彩武士陶俑　身上所穿著的襦褲是漢代男子的平常服飾。從武士陶俑可看出，較為合身的衣身與袖子、交疊的衣領，衣服長度及膝並繫以腰帶。下襬為圓弧狀的線條，因此，衣身交錯後露出內側裁片，而產生不同的趣味。

新詠・孔雀東南飛》中：「妾有繡腰襦，葳蕤自生光」，腰襦形制似短襦，唯下齊腰部，為漢魏婦女所穿的一種齊腰的短襦；長襦的長度及髖；辛延年《羽林郎》：「長裾連理帶，廣袖合歡襦」，合歡襦為繡有對稱圖案的繡花短襦；鴛鴦襦為繡有鴛鴦的短襦。

唐宋時期，也採用對襟窄袖的變化，穿時敞開衣襟，不用紐帶，為婦女的主要便服。一般婦女穿的上襦顏色較為鮮豔，有紅、黃、藍、綠、紫、絳或金色等。唐代的上襦尚有繡襦、羅襦、錦襦等。

襖

襖亦稱「短襖」、「襦襖」、「襖子」，由短襦演變而來，與襦是相近似的衣式（或說襦是短襖）。若襖內有襯裡可稱「夾襖」，以毛皮襯裡則稱「皮襖」，或在表裡布間鋪以綿絮稱為「綿襖」等。襖有方領、盤領窄袖及清代的圓領變化，衣長從臀下至及膝的長度，下身仍穿長裙，故襖的衣襬兩側多有開衩，一般男女皆可穿著。襖通常以較厚實的織物製作，如白居易《新製綾襖成感而有詠》：「水波文襖造新成，綾軟綿勻溫復輕」，《紅樓夢》第二十四回：「回頭見鴛鴦穿著水紅綾子襖兒，青緞子坎間兒」，以錦、綾等絲織物裁製襖子。

襖子最早出現在北朝時期（或稱始於北齊），隋唐之際傳入中原，成為男女的常服，有錦襖、繡襖等。宋代以後襖子較為流行，此時又有旋襖的出現，可作為男女性的便服。旋襖以較厚實的布帛裁製，

清末民初婦女穿著的朱紅棉質的大襟短襖　衣服由領口、袖口、側邊開衩處到下襬，皆有花鳥刺繡的貼邊與滾邊裝飾。小圓立領、斜開襟，並以中國結的布釦為扣合方式，長窄袖且衣身至臀部。穿著功能類似現代的外套或夾克，內部鋪有棉絮所以保暖。

黑色棉絨布製的男用大襟短襖　是民初時期臺灣民間的衣服。立領、細長的窄袖，且在袖口處縫有相似於清代朝服的馬蹄袖之樣式，衣身長度大約到中腰的位置。使用黑色的布料，整件上衣都沒有滾邊、貼邊或鑲邊的裝飾線條。這件短襖透露著樸實無華的風格，可能是客家男子的上衣。

中間納有綿絮，對襟短袖，衣長不過腰。至明清時，婦女穿襖十分普遍，並逐漸取代了短襦。至晚清時期，又出現衣長過膝的「長襖」。民國以後，襖的長度又回到胯部以上並延續至今。

禪　衣

《釋名》：「有裡曰複，無裡曰禪」，禪又名禪衣或稱單衣，是指沒有夾裡的單層長上衣，有的以輕薄的紗縠製作可當夏衣。秦漢以前，禪衣皆作為貴族的常服；至漢以後，禪衣既可做外衣，也可兼中衣。中衣即是中單，穿在祭服、朝服之內的襯衣，多為白色。

相對於禪衣，如襯有裡布而無絮綿的衣服則為「夾衣」、「袷衣」或「袷衣」；若以數層布帛製成的則稱「複衣」，從陸游《入雲門小

西漢素紗禪衣　輕薄的布料略呈透明感。衣服在領口與袖口有鑲邊的裝飾，長窄袖、衣身長度過膝。

憩五雲橋》：「谷雨初過換夾衣，園林零落到薔薇」，王雱《絕句》：「霏微細雨不成泥，料峭輕寒透夾衣」，及李商隱《春雨》：「悵臥新春白袷衣，白門寥落意多違」，李叔卿《江南曲》：「郗家子弟謝家郎，烏巾白袷紫香囊」等詩詞，可知夾衣在唐宋時期的流行。

襜　褕

襜褕是大袖直裾的長衣，但衣身比禪衣寬博。西漢時，襜褕只能作為常服，不能做正式禮服，且多為婦女所著。至東漢時期，男女皆可穿襜褕。張衡《四愁詩》有云：「美人贈我貂襜褕，何以報之明月珠」，可知製作襜褕的材質較無限制，既可用布，又可用絲織品及毛織品等。與襜褕同時流行的有袍，後來襜褕漸漸與袍融合為同一種服飾，因此襜褕就被袍取代而逐漸消失了。

西漢時期長沙馬王堆出土的襜褕（復原圖）　這件衣服比較特別的地方是，袖口略為收小、下襬處有很寬的鑲邊。衣領與衣襟交疊後，在腋下反摺到背面形成部分垂直的直襟。

長　袍

我們一談到龍袍，就馬上聯想到端坐在金鑾殿上寶座的皇帝。袍也稱為袍服，長度多在膝線以下。早期袍也是作為內衣，須外加罩衣、裳。袍與襜褕是相近似的款式，只是襜褕是單層長衣，而一般的袍是做成兩層，為襯有裡布、內鋪綿絮的長上衣。日後袍由內衣轉變為外衣，正值襜褕流行之時，而袍與襜褕逐漸融合為一種服飾，無論有無綿絮皆統稱為袍。

袍服取代襜褕後使用的範圍更廣，如沒有襯裡稱為「單袍」，以數層布帛製成的為「複袍」，內有綿絮的稱「綿袍」，及內有舊綿絮稱「縕袍」。此外，還有以彩錦製成的錦袍、裝飾有珍珠的珠袍、袍上織繡龍紋與蟒紋的龍袍、蟒袍及庶民百姓所穿質料較為粗劣的布袍、麻袍等。在李白《結客少年場行》：「珠袍曳錦帶，匕首插吳鴻」及《敘舊贈江陽宰陸調》：「腰間延陵劍，玉帶明珠袍」，就提到綴有珍珠寶物裝飾的袍服設計。

長沙馬王堆出土的朱紅羅綺錦袍　紅色衣身搭配米黃色的寬幅鑲邊。袖口處收小，前身片的下襬有斜線的剪接設計，使衣服在垂直、水平線條之餘帶著較為活潑動感的氣息。

戰國以後，不論男女皆流行穿袍。尤其漢代婦女家居時，也可單獨穿袍無須外加罩衣。東漢明帝時，將袍升格為朝服，自帝王至百官皆穿用袍，袍不僅可做外衣，亦成為正式的禮服之一。如公主、貴人、妃子在領、袖、襟、裾等加飾多層緣邊，稱為重緣袍。自此以後袍的製作日益考究精美。此外漢時期的男女皆喜用青袍，如漢古詩記載：「穆穆清風至，吹我羅衣裾，青袍似春草，長條隨風舒」。晉代帝王朝會時穿絳紗袍（簡稱絳袍），以紅紗製成。在領、袖、襟、裾等處飾以緣邊，交領大袖衣長過膝，通常與通天冠配用。隋唐之際，將盤領袍訂定為禮服。太

唐朝帛畫　穿著圓領大襟袍的婦女，布料上有圖紋的藍灰色衣身，配上低腰鮮紅的繫帶。從畫裡衣服的綢褶繁複，可以判斷出袖身寬大。

唐朝彩繪胡俑　可以看到胡人的衣服與漢人不同之處，領子為大翻領、十分合手臂的緊身袖型；袍身也較窄且合身，長度到小腿肚，繫著皮革腰帶。由於胡人地處北方，更以騎馬為主要的生活交通方式，因此，比漢人合身的服裝更適合他們的習性。

宗貞觀年間之後，黃袍成為皇帝專用服飾，而百官亦以袍的顏色區別等級，有紫、緋、綠、青等色的袍服，如元稹《酬翰林白學士代書一百韻》：「綠袍因醉典，烏帽逆風遺」。宋代皇帝禮服與朝服有履袍、衫袍，分別為絳色、赭黃（或淡黃）色。此外，唐代以後的男士所穿各式袍服，都有不同的變化：

南宋理宗坐像　穿著圓領大袖的袍服，朱紅色寬大的衣身與袖子，領口與袖口露出裡面白色的襌衣。也許正值南宋積弱不振之時，雖然是帝王的穿著，從畫內的服裝表現除了鮮豔的色彩外，卻有著低調儉約的風格。

1. 褶：唐朝品官的服飾，衣色依級別來區分，如三品以上用紫褶，四品至五品用緋褶（朱色），六品至七品用綠褶，八品至九品用青褶（碧褶）。
2. 直裰：原為僧人、道士所穿的素布常袍，宋代以後較為流行，至元明時期極為盛行，成為一般士庶男子常服。直裰（或直掇）以紗縠製作，為方領右襟或對襟寬袖，衣長過膝，在領口、衣襟、袖口、衣裾處皆飾有黑色緣邊的長袍。
3. 質孫：又稱「一色衣」，由蒙古語音譯而來。質孫是上衣下裳相連較緊窄的長袍，腰部有細密的褶子，冠帽衣履需用同一色，為元代內廷大宴的禮服，可作為天子的朝服公服。製作質孫的衣料，為「納石失」，即一種織金錦。明朝滅元之後，將質孫服訂為衛士之服。
4. 曳撒：明初時為官吏及內侍所穿，至明代晚期為一般男士的常袍。為方領或盤領、長袖，在前身腰圍處剪接分為上下兩截再縫合起來，但下半身有細褶（褶子集中在兩端、中間無褶），後

元・趙孟頫「蘇軾像」　宋朝蘇轍的詩句裡「更得雙蕉縫直裰，都人渾作道人看」可看出當時文人也穿直裰。畫像裡蘇軾所穿著的衣服就是直裰。全長的衣身、袖長也超過膝蓋，大襟交錯的衣領且有寬鑲邊。服裝樸素無額外的裝飾，只在腰間綁著細帶固定。

身裁成整片不剪接的長袍。

5. 褶子：明清男士的常袍。以紗羅或絹製作皆可，為方領或盤領、兩袖寬博、衣長過膝，腰下有細褶，不分尊卑皆可穿著，現在的傳統京劇服裝仍有此種服飾。

直至清朝，冕冠衣裳被廢止後，朝袍、龍袍、蟒袍等成為主要

大紅二則團龍暗花緞常服袍　是為清朝皇帝的日常家居服。小圓領、合身的窄袖便於日常活動，並用中國結的布鈕扣合。大紅色的緞質布料上有圓形的龍紋裝飾。以貴為皇帝的服飾而言，此常服袍的款式設計算是較為低調樸實的。

的禮服，用於祭祀也用於朝會、典禮。皇帝所穿的龍袍是明黃色，在胸、背、雙肩等處繡有九條金龍，是皇帝、皇后專用的禮服之一。而日常家居穿長袍馬褂，除此以外還有四衩袍、缺襟袍、對襟袍等，並演變成旗袍沿用至今，甚至變成傳統國服。

下　裳

裳

裳即是「下裳」，古時稱為「帬」，是遮蔽下體的衣服，不分男女尊卑皆可穿著。在《易經・繫辭》中記載：「黃帝、堯、舜，垂衣裳而天下治」，由此可知早在遠古的黃帝時期就有裳的形制。《說文解字》：「裳，下裙也。」裳的形制與後世的裙近似，一般多製成兩片，一片蔽前一片蔽後，以後將兩片合併為一整片，並在腰部增加褶襉，即成為裙子。早期的裳共用七幅布帛，前身需要三幅縫綴、後身要四幅拼接而成，因為前後分製故二側各有一道縫隙。宋孔平仲《君住》有云：「哀哉中截錦繡段，上襦下裳各一半」。

古代男子的禮服皆用裳，如《周禮》鄭玄注記載：「凡冕服，皆玄衣纁裳」。雖於東漢明帝以後，袍成為朝服而裳逐漸式微，但歷代的禮服，如冕服、朝服等仍保留此制採行上衣下裳。如前所提到纁裳，歷代還有絳裳、紅裳、玄裳、黃裳、素裳、帷裳、繡裳、霓裳等名稱。

東晉・顧愷之「洛神賦圖卷」 曹植帶著隨從們凝望洛水的圖像裡，即穿著魏晉時期中原貴族的流行服飾。曹植與隨從的下半身服裝，即是典型男裝的裳。裳的上端有繫帶固定於腰身，並依穿著者的身材粗細以褶子來調整。

裙

裙亦是「裠」，《釋名》：「裙，群也，連接群幅也。」漢代以後裳逐漸被裙所替代，並成為婦女的服飾，穿時與襦、襖等上衣搭配。裙子一般以五幅、六幅或八幅的布合併為一整片而成，穿著時一幅重疊在裡面，舉步時便不會露出肌膚；有的裙子製成兩片，一片遮蔽前身、一片蔽後。此外還有短裙，長至膝間可作為襯裙用；而長裙的裙幅曳地，並在腰頭做褶襉以便行走，唐人詩詞就有：「長裙錦帶還留客」、「裙拖六幅湘江水」，用湘水形容裙長，即指長裙，深受唐代年輕婦女的喜愛。若製成雙層則稱為雙裙，多用於宮女。裌裙是綴有襯裡的裙子，《玉臺新詠・孔雀東南飛》中云：「著我繡裌裙，事事四五通……。朝成繡裌裙，晚成單羅衫」。複裙則是以數層布帛做成的裙子，其中並可納綿絮，多用於冬季。如果圍在腰部，男女皆可穿著的稱為腰裙。裙子又可依材質、顏色的不同有布裙、羅裙、皮裙、羽毛裙等。或用織、染、畫、繡、鑲、緄、貼等工藝來裝飾裙子，如畫裙、繡裙、花裙、珠裙、鑲邊裙等。在白居易《琵琶行》：「鈿頭雲篦擊節碎，血色羅裙翻酒污」詩中，描繪婦女穿輕羅裙的情景。

自秦漢以來，婦女穿裙的風氣日益盛行，此時婦女開始穿紅裙。此外還有無緣裙，即裙子上沒有紋飾、也沒有邊飾，為士庶婦女常用的裙子。魏晉時期盛行間色裙，整件裙子剪接成數片，並用二種

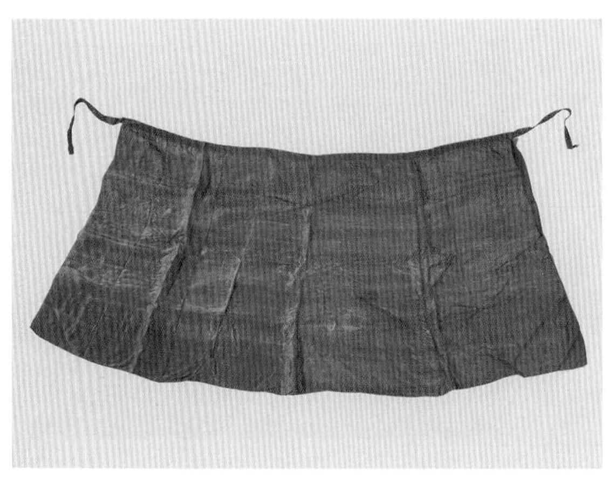

西漢馬王堆出土的絳紫絹裙　長度約 87 公分、下襬寬度約為 193 公分，為現存最早的裙子之一。由於當時布的幅寬較窄，因此裙子大都使用數片上窄下寬的梯形裁片組合而成。在裙腰頭縫有細長布條，用以圍綁在身上。

唐・張萱「搗練圖」 女士們所穿著的下半身，即是唐朝典型的婦女裙。裙長及地蓋住腳背，有時更長會有小拖裙般的款式出現，高腰繫帶綁在腋下的位置。裙子色彩鮮豔，同時裙身幅寬很大，必須使用大量布料來製作。

顏色的布片相間搭配而成，常見的有紅黃、紅綠、紅藍來搭配。隋唐時期仍沿用間色裙，但是間色的條數越來越多，整件裙子被剪接成十二片，俗稱十二破，在當時有仙裙的美譽。

唐代婦女多將裙子束在腋下胸部處，成為高腰裙型。婦女盛行穿茜裙、絳裙、石榴裙、芙蓉裙、鬱金裙、碧裙、翡翠裙、荷葉裙、柳花裙、暈繝裙、花間裙、鈿頭裙、蛺蝶裙、舞裙、仙裙等，及最精美珍貴、永樂公主所創的百鳥毛裙。此外還有著名的石榴裙，武則天《如意娘》：「看朱成碧思紛紛，憔悴支離為憶君。不信比來長下淚，開箱驗取石榴裙」，就是唐代婦女盛行穿石榴紅裙的例證。日

清末民初的粉紅底藍邊百褶裙　裙寬約 90 公分，裙長約 100 公分。裙子由兩片裁片組合而成，壓有十分細緻的小百褶，裙面、下襬有藍色寬、窄不一的曲線鑲邊。裙子同時使用兩種扣合方式，一側是中國結的布釦，另一側則是小布條的細繩。此外，裙子的前、後有長方形的剪接裁片，稱為馬面裙門，因此，這類款式的裙又叫馬面裙。

民初時期的紅緞龍鳳新娘裙　裙寬約 86 公分，裙長約 94 公分。筒狀的裙形，側邊開口以布繩綁繫在腰間。大紅色的緞質裙，繡有金線的龍鳳呈祥、花朵圖案，下襬裝飾細細的流蘇。整件裙子表現出結婚的喜氣與歡樂的氣氛。

後「石榴裙」就變成女性的代稱。時至今日，仍然可聽到「拜倒在石榴裙下」的譬喻。

宋代的女裙較寬大且有細密的褶子，稱為百襉裙（俗稱百疊裙），後世的百褶裙即據此而來。褶裙的變化尚有羊腸裙、千褶裙、留仙裙、旋裙等。

明清的裙式沿襲前朝打褶的裙型，除可分為玉裙（共有二十四個褶襉）、馬牙簡、細襉裙、魚鱗百褶裙等變化外，尚有腰裙、鳳尾裙、月華裙、百花裙、彈墨裙、馬面裙等。清代皇后的正式禮服為朝裙，穿在朝褂之內。民國以後，西式套裙流行，則取代了傳統中國圍裹式的裙型。

褲

褲亦稱「袴」或「絝」，明清時期始稱為「褲子」。東周時已有褲的初型，但早期褲的形式僅是分別裹蔽兩腿，無腰無襠，與後世的套褲相近。秦漢以後褲的形式才漸趨完備，此時褲子不僅將褲身延長上達於股部、腰部，並在兩股間連綴褲襠，如襠部不縫合為開襠褲；製成單層的褲子稱為單褲，製成雙層或多層的稱為袷褲、複褲，在複褲中納有綿絮者稱為綿褲，另外還有布褲、紈褲、錦褲、皮褲、合歡褲等，如元稹《夢遊春》：「紕軟鈿頭裙，玲瓏合歡袴」，

宋朝婦女的開襠褲　開襠是為了方便上廁所。褲形直筒寬大，在前中心處以布繩繫綁。由於為開襠褲，所以穿在衣、裳、裙的下面以遮蔽隱私，不直接當外褲穿著。

指的就是以金線與彩線交織的華麗織金錦褲。

合襠褲稱為「褌」或「窮褲」，在漢代已有短褌、長褌。一般用作襯裡，外覆裳、裙，或單獨穿著，但多為平民百姓或農夫僕役所穿。受西域文化的影響，魏晉時期是褲盛行的時代。唐代男性雖穿袍服、女性穿裙裝，但因盛行穿胡服，故仍以穿褲裝為尚。宋代以後，不分男女皆流行穿膝褲，即至膝下的脛衣，罩在長褲之外。明清時期穿長褲仍非常普及，此時的膝褲又稱為「套褲」，但長度已不限於膝下，可長至大腿。

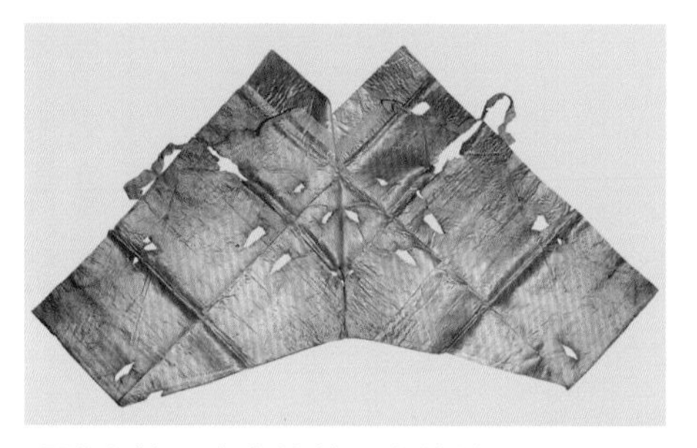

明神宗棺內出土的黃色素綾褲　款式類似現代的中式男褲。褲腿、褲腰、褲襠都十分寬大，褲腰上縫有褲襻（類似現在的褲耳），裡面穿有褲帶。裁片上褲腿為長方形，褲襠為兩個三角形的組合，與現代褲子的剪接裁片十分不同。

民初時期紫色鑲花的婦女長褲　寬大的腰身與褲腿。腰頭部分接上白色棉布，並以布繩繫綁。褲腳用相同的紫色布料斜紋鑲寬邊，上面並縫貼有刺繡花紋的帶狀裝飾。

韍

韍ㄈㄨˊ的外觀是長條形，狀近似斧形，如現代的圍裙，上窄而下寬，長度約三尺，使用時繫掛在革帶上，遮蔽垂於前膝。因韍下垂至膝，故又稱蔽膝。傳統的蔽膝以熟皮來製作並繪有圖紋，日後改以絲帛裁製。若韍穿在冕服上又稱為芾，穿在其他服裝上稱為韠。因此，韍是穿著冕服時的必要配飾之一。

晉武帝司馬炎　穿在冕服之外，磚紅色類似圍裙的即是韍，以帶鉤懸掛在腰部固定。

明神宗棺內出土的紅色素羅繡花韍　上寬約 25 公分，長度約 64 公分。韍的形狀為上窄下寬的梯形，上面繡有龍紋、雲與火焰的圖案。是屬於皇帝穿冕服時所佩戴的飾物。

東漢鄭玄、唐代孔穎達都曾經論斷，上古先民穿羽毛或皮革製成的衣服，先知道遮蔽前身，然後才遮蔽後身。及至商代服裝制度完備，為表示對先民的紀念，仍在下裳的外面加穿韍為裝飾。周漢以來，韍仍是帝王諸侯加在冕服衣裳外面的衣飾，甚至到了唐代也沿用。宋徽宗時改制，將韍上面的紋飾去掉，但是明代以後又恢復紋飾。至清朝才將冕服及韍的制度完全廢除。

連身衣

深　衣

深衣是自春秋戰國時期至明代男子通用的連身衣，可作為貴族的常服，平民百姓的禮服，如《禮記》記載：「朝玄端，夕深衣」。傳統的深衣有下列六個特徵：

1. 裁剪為上衣下裳再縫合為一，保有衣裳的初型。
2. 在領口、袖口、下襬有「純」，即緄邊。
3. 方領右衽，袖下為半弧形。
4. 衣服的各部都有一定的比例。
5. 寬身大袖。
6. 腰必束帶。

深衣一定都是用十五升的漂白麻布製成，而且領口、衣襟、袖口、衣裾緄邊的用色皆有規定，如祖父母、父母俱全的人用采色；祖父已逝的人用青色；年未滿三十而父親已去世的人用白色。

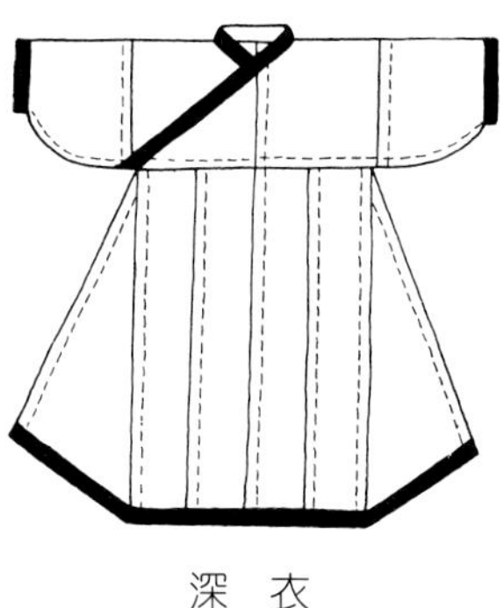

深　衣

除此以外，依據《禮記》的〈玉藻〉和〈深衣〉記載，深衣各部的造型有五個特色：

1. 規：袂為圓弧形如規，象徵智慧圓通、相處和易。
2. 矩：領為方形如矩，象徵方正不阿。
3. 繩：衣後中心為垂直到底的剪接線如繩，象徵正直無私。
4. 權：脇襬為秤錘的對稱形如權，象徵定靜莊敬。
5. 衡：下襬的底部平直水平像秤桿如衡，象徵平正水平。

所以規、矩、繩、權、衡可稱為「深衣五法」。用此五種衣服局部的造型線條做象徵，來表現中華民族文化的人文涵義。

冕　服

《尚書・商書・太甲》：「伊尹以冕服，奉嗣王歸于亳」，而《論語・泰伯》有：「禹，吾無間然矣！……惡衣服，而致美乎黻冕」，從上述二段文字記載可知，夏、商二代已有冕服。《論語・衛靈公》：「乘殷之輅，服周之冕」，因此可知冕服的基本形制至周代已然形成。以後的各朝各代雖加以變更，但是基本的形式卻沒有更改，一直延續至清代才被廢除。冕服是帝王公侯祭典專用的祭服，在古代階級制度劃分嚴格的社會裡，乃是最能表現穿著者身分地位的禮服。依據天子、諸侯、卿、大夫、士的等級高低而各有不相同的款式，同時也會要求穿著者遵守服裝規範。

因為傳統祭祀的名目繁多，因此周代君王的冕服形制也有六種

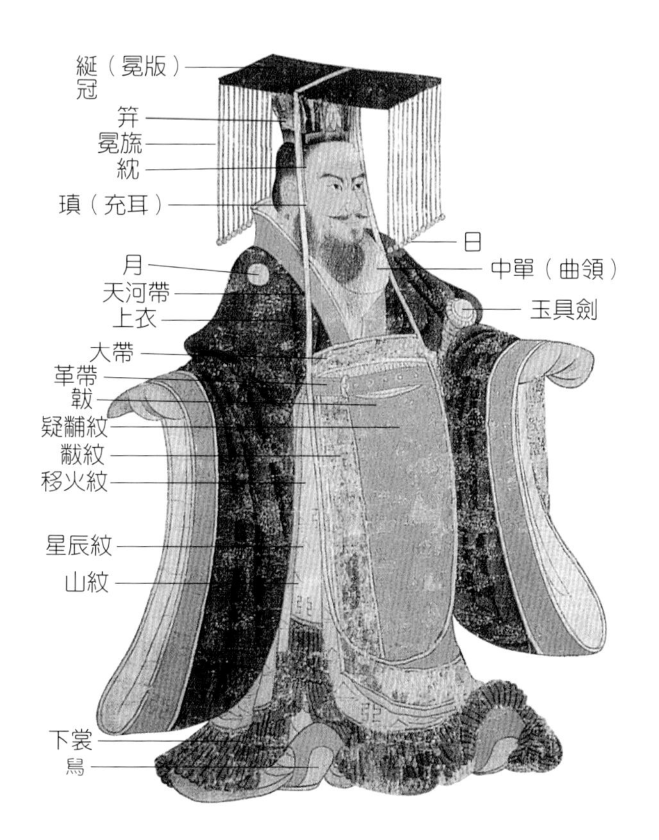

之多。至於冕服具體的形象為何，據《左傳》桓公二年記載：「袞、冕、韍、珽，帶、裳、幅、舄，衡、紞、紘、綖，昭其度也；……火、龍、黼、黻，昭其文也」，其中對冕服的名物制度及其功能與象徵意義，做了詳細說明與考述。

「袞、冕、韍、珽，帶、裳、幅、舄」是指冕服上的配飾衣物。袞即是畫卷龍在上衣，冕是首冠，韍是皮革製的蔽膝，珽是玉笏、圭，帶是束腰的革帶，裳即下裳，幅即裹腿的綁腿布，舄是複底的鞋履。在此說明頭戴冕冠，身著上衣下裳的冕服，外加蔽膝、革帶繫腰，腳穿舄鞋的整體外觀造型。

「衡、紞、紘、綖」為冕冠各細部的名稱。衡即笄、簪，紞為懸掛瑱的絲繩，紘是繫結在玉笄上的絲帶，綖即延或冕版。(詳細內容可參見 72 頁「冕」)

「火、龍、黼、黻」是裝飾在冕服衣裳上的圖紋。火繪成火紋，龍繪成龍，黼是斧形紋飾，黻是兩個「已」字互相背對的圖紋。實際上冕服的裝飾圖紋共有十二種。如《尚書・虞書・益稷》中提到：「予欲觀古人之象，日、月、星辰、山、龍、華蟲作繪，宗彝、藻、火、粉米、黼、黻絺繡，以五采彰施於五色，作服」，以上述日、月、星辰等十二圖案，用五彩繪畫刺繡的方式，裝飾在冕服的上衣下裳。

從以上所記載的冕服及其佩飾，頭上戴的、身上穿的、下身繫掛的、腰上佩的、足下穿的及衣裳的十二服章，應是冕服制度最完整的配置。

袴褶

袴褶原是胡服，戰國時代由北方少數民族傳入中原，並逐漸為漢族所採用。東漢末年，因為袴褶便於騎射適合軍旅之服，所以使用者越來越多，於是袴褶開始流傳。

袴褶原是分開製作，但須整套一起穿著的，下袴上褶。即上衣

北魏樂人俑　其所穿著的整體服裝即是袴褶，原為北方游牧民族的傳統服飾。上半身為及膝長度的大袖上衣，下半身為寬口長褲，並在膝蓋處綁緊，避免褲腳過於鬆散。

為褶衣，衣長至胯部的緊身短衣，袖口或寬或窄。下袴則是長及足踝的廣襬袴（因褲管寬大，或稱大口袴）或小口袴。穿時，以帶子在褲管的膝蓋處緊緊繫縛，以免鬆散，當時又稱「縛袴」。穿著袴褶時將袴露出，不再外加衣裳、衫袍。

東漢時期，袴褶為一般百姓所服，具有身分的貴族則不會穿著。魏晉時代，袴褶不再限於百姓穿用，上下階層通用作為戎服、軍服或行旅之服。至北朝的北魏時期更盛行袴褶，以袴褶為朝服、常服，不僅男性，女性也穿著。此時的式樣與漢末相較略有變化，有盤領、翻領及對襟，材質有皮、布、綾、羅、綺、錦等。至隋唐時期，以袴褶作為官吏的公服、朝服之用。晚唐以後，袴褶逐漸式微。

外　衣

半　袖

漢劉熙《釋名》:「半袖，其袂半襦而施袖也」，可知早在漢代即有半袖的名稱。半袖為衣長及腰的短袖上衣，通常罩穿在長袖襦外，魏晉時期男女以半袖為家常服。在漢代此種短袖上衣又稱為「繡裾」。

到了唐代，在漢魏時代的半袖基礎上，又發展出「半臂」的名稱。唐李賀《兒歌》:「竹馬梢梢搖綠尾，銀鸞睒光踏半臂」，即描述半臂的情景。唐朝的半臂，衣袖長度僅為長袖的一半，故半臂即是半袖。《新唐書》也記載:「半袖裙襦者，東宮女史常供奉之服也」，半袖初期為唐代宮廷中的女官或女侍為求勞動便利所穿著的衣服，後普及至民間為常服，男女皆可穿著。唐代半袖的款式為對襟、半短袖（類似現在的五分袖），袖長約到手肘的位置或更短，衣長及腰部的短襦，前襟以繫帶綁縛為主。半袖多以彩色的織錦來裁製，在唐代更有專以半袖款式來製造的彩錦，稱為半臂錦。半袖的穿法，一般是罩在長袖襦、裙外，不能單獨穿著。

唐朝舞女絹畫　其上半身穿著的短袖、有圖紋的衣服就是半袖，為直領的寬短袖，衣身長度到腰線左右。半袖的長度大約相當於現代服裝的五分袖。

元朝的半袖　也是直領的寬、短袖；但是衣身長度較長，約在中低腰的位置。

元明時期的貴族階級則穿珠半臂，即以珍珠穿組而成的半袖。半袖一直流行至清代才結束。

褙　子

褙子也稱為「背子」。根據記載褙子首創於秦二世，後盛行於宋、明時期，為婦女的常服。

褙子相當於現代的風衣，以對襟、長袖為主，衣領繞至頸後於胸前合併垂直而下，不再相交疊壓（即對襟）。而袖口可寬可窄（寬袖者亦稱為大袖衫），衣身長度與衫等長或與裳的長度相同，而衣服脇邊腋下開長衩，並在領口、衣襟、衣裾、袖口及開衩等位置都有裝飾的緣邊。穿著時罩在襦襖及裙子的外面。

明代的褙子又稱為四褛襖子，意指開有四衩的褙子，明馮夢龍《警世通言》記載：「背繫帶磚項頭巾，著斗花青羅褙子」，可知褙子是明代上自后妃，下至妓妾等女性的常服。皇后貴妃的褙子俱用紅色，普通命婦則用深青色。

南宋時期的灰紫色皺紗鑲邊褙子　對襟、長袖，並有圖紋的鑲邊。衣服在後片與袖口處皆有剪接線。兩宋時期貴族婦女將褙子穿在大袖衫之內；而一般的庶民婦女，因為工作機能性的需求，通常以褙子取代大袖衫以便於行動。

清朝「胤禛妃行樂圖」雍正妃所穿著的紅色外衣即是褙子。圖內嬪妃穿著清朝流行的寬袖、對襟褙子，全長的衣身在領口與袖口都有圖紋鑲邊。

褂

周漢時期婦女長至膝部的上衣稱為「袿」，《釋名》：「婦上服曰袿，其下垂者，上廣下狹，如刀圭也。」至明代改稱為「褂子」，《二刻拍案驚奇》卷三十五：「一日，賈閏娘穿了淡紅褂子，在窗前刺繡。」

清朝乾隆皇后的朝褂　為典型的貴婦穿著款式。圓領、對襟的無袖長背心。傘狀的衣身分為四層，用金線繡滿龍紋，上方有五個用紅珊瑚做成的釦子。整件衣服充滿著皇室的尊貴與華麗。

一般清代男子所穿著的琵琶襟馬褂　袖口平直、袖長略長於手肘。清代早期馬褂長度到膝蓋左右，但是嘉慶年間以後，流行短馬褂。夏天會以輕薄的紗質為布料，冬天則用翻毛皮裘來製作。

清時期稱為「褂」。

清朝的褂是罩在袍服外面的長上衣，為對襟、圓領、寬袖。若用於禮服則為長褂，長僅至胯部而用於出行者稱為短褂、馬褂。此外，還有朝褂、龍褂、貂褂、吉服褂、行褂、常服褂、外褂、黃馬褂、小褂、對襟馬褂、大襟馬褂、琵琶襟馬褂等。皇后、命婦冠服的朝褂，則是對襟、圓領、無袖的長背心。

背　心

裲　襠

裲ㄌㄧㄤˇ襠ㄉㄤ亦稱為「兩當」，《釋名》：「裲襠，其一當胸，其一當背也。」裲襠是背心式的服飾，創制於漢前，後盛行於魏晉與隋唐時期。

此種服式由前後兩片組成，一片當胸、一片當背，在肩上以帶連結，衣長至臀，即現在背心的前身，兩漢時期僅用作婦女的內衣。魏晉時期則不限男女皆可穿著，可當作外衣便服。裲襠可以布、帛、羅、絹、織錦、彩繡等不同質料裁製，並有單、夾之分。南北朝時期，裲襠的使用更為普及，除以布帛、織錦製作，還有以皮革、鐵片製成，用於武士。到了唐代，多以彩帛或繪繡圖紋裝飾在裲襠的表面，用於武官、衛官。

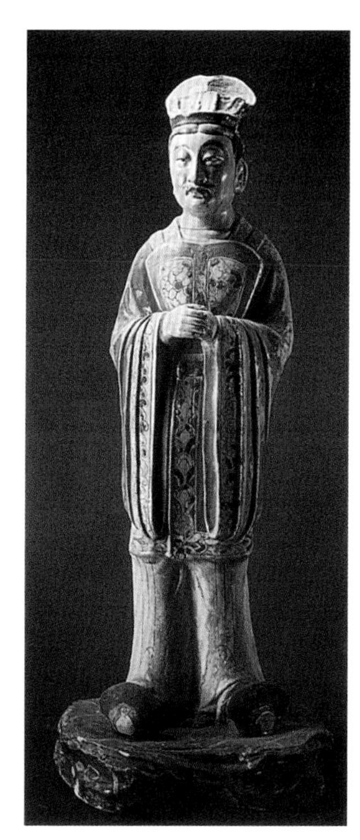

唐朝彩繪釉陶文吏俑　其身上所穿著的是「假裲」，方形的服裝樣式並有肩帶向後連結；假裲是只有前片而沒有後片的「裲襠」。

比 甲

比甲是長及膝下的長背心，為宋代、明代婦女穿在衣裙外的便服，但多為士庶平民及侍女、婢女等階級婦女穿著，以便於工作活動之用。比甲為對襟、無袖，穿在衫襖之外的服飾，《金瓶梅詞話》第七十八回:「孟玉樓與潘金蓮兩個都在屋裡，……一個是綠遍地金比甲兒，一個是紫遍地金比甲兒。」而清代婦女不分滿漢，都喜歡穿比甲；滿族婦女的朝褂即由此變化而來。

清・崔錯「李清照像」 圖內李清照所穿著最外層深色的長背心，即是比甲。為直領、對襟，由圖內顯示大約可判斷出其側邊有開衩，衣身長達膝蓋左右，並使用柔軟的布料製作。衣服似乎無多餘的裝飾、圖紋，表現出才女樸實素雅的風味。

背　心

背心又稱為「馬甲」，宋代以後多用於庶民百姓，男女皆可穿著，為對襟、無袖，衣長至腰，或衣襬左右開衩，可當作外衣使用。明清時代的背心又可稱為「坎肩」，《紅樓夢》第八十九回：「但見黛玉身上穿著月白繡花小毛皮襖，加上銀鼠坎肩」。坎肩無分滿漢、男女、尊卑都喜歡穿著。一般坎肩的長度都在腰際；衣襟的變化有對襟、大襟、一字襟、琵琶襟等，以紐扣縮結，並在衣襟的緣邊鑲以各式的緄邊、花邊、刺繡等。

南宋時期的背心　背心的輪廓線為長方形、對襟形式，門襟的邊緣鑲有寬邊。兩側邊有部分縫合，並留有側邊的開衩。除了使用有圖紋的布料外，並無其他裝飾設計。

對襟背心　清末光緒年間，宮廷后妃在季節交替的春、秋天時，於平常服飾外面所穿的對襟背心。款式上之裁剪與早期最大的不同，在於裁片有肩斜與袖襱的圓弧狀。袖襱的圓弧，便於手臂、肩膀的活動，與現代的背心有相似的剪裁。

民初時期的水藍色鑲花女用背心　水藍色有圖紋的綢緞布料，在領口、曲襟上鑲有黑色的寬邊，並縫有織錦帶作為裝飾。圓領大襟，前襟上有五個直釦。整個背心的輪廓線為傘狀。

披　巾

披　帛

唐代女立俑　此唐三彩女立俑頭梳髮髻，垂於額前，身穿交領窄袖襦，和高腰拖地長裙，肩臂橫搭披帛，動作神情優雅寧靜。

披ㄆㄧ帛又稱帔ㄆㄟˋ巾或帔子。起源於秦漢，至唐代、五代及宋代時期，婦女流行以帛巾披在肩上作為裝飾，一般用於宮嬪、歌姬或舞妓，後來普及至民間婦女。披帛多以未經裁剪、輕薄的紗、羅製成，有的幅寬較寬、長度短，披在肩上可當披風。另有幅寬較窄、製成長條，使用時纏繞於雙臂當成帛巾，酷似兩條飄帶。張文成〈又贈十娘〉：「迎風帔子鬱金香，照日裙裾石榴色」。

唐・周昉「簪花仕女圖」 其中身穿紅色衣裳、外罩褐色透明寬衫的仕女，寬衫外圍繞在手臂上朱紅色底藍白圖紋的飄帶即是披帛。披帛是類似現代圍巾的長條布帶，但是圍巾兼具保暖與裝飾功能，而披帛則是裝飾性遠大於功用。

明「絲綸圖」 其中兩位美女正專心的繅絲，畫面左方的女士，身上所纏繞的深灰色布帶亦是披帛。純粹裝飾性的披帛，卻讓穿著使用者表現出搖曳生姿的飄逸美感。

霞 帔

唐白居易的《霓裳羽衣歌》詩中的「虹裳霞帔步搖冠，鈿瓔纍纍佩珊珊」，就已提到唐代女性披搭在肩上的彩色披帛——霞帔，因在帔上裝飾有豔麗色彩的紋飾，猶如霓虹彩霞，故而得名。霞帔與

明代十一世臨淮侯李邦鎮夫人楊氏畫像　夫人佩戴在最外層由肩膀而下的飾帶就是帔子。是為典型的明朝命婦所戴的狹長形霞帔，上面繡有許多雲紋與鳳鳥。

清朝命婦的霞帔　清朝的霞帔幅度幾乎與衣身的寬度相同，兩側有布繩繫綁，下襬為鋸齒狀並有流蘇裝飾。款式類似比甲且有衣領，前、後上身裁片中央縫有補子，補子上的圖紋是用來表示官位階級。

披帛的形狀不同，用途亦有別。霞帔是經過剪裁並繡有雲霞鳳鳥的圖紋，穿用時佩掛於頸部，由領後披在肩頭而繞至胸前兩端，並下垂至膝部，底部下端綴有墜子。宋、明時期的霞帔為后妃、命婦的禮服，此時的霞帔多還製作成狹長條形。如《宋史・劉文裕傳》:「封其母清河郡太夫人，賜翠冠霞帔」。除霞帔以外，還有以彩繡裝飾的彩帔、錦帔、羽帔、直帔等。

清代的霞帔仍為后妃、命婦的禮服，但是外形已脫離長條形改成背心狀，外觀似比甲。並在胸背處加綴方形補子圖案，帔襬底部墜子改用流蘇。根據規定，宋、明、清的婦女不可私自佩戴霞帔，必須是命婦的身分才可使用，而明清庶民婦女婚嫁及入殮之時，得暫時「假借」使用霞帔。

雲　肩

雲肩為一種披肩，因外觀做成雲朵造形，故稱為雲肩。唐末五代時多用於歌舞樂妓，後普及至民間男女皆可穿用，金元時代極為盛行。

明清時期，雲肩是漢族婦女出嫁時所穿的禮服披肩，一般民間婦女以雲肩來替代命婦霞帔的功能。雲肩多以綾緞或綢緞製作，外形可做成如意、柳葉、蓮瓣或四垂雲等造形，有的在四大雲頭的尖端綴上劍帶形的垂飾，上面施以彩繡花鳥紋飾，緣邊有刺繡的花邊或綴有彩穗流蘇，造型非常精美華麗。

清光緒末年，因流行梳低垂的髮髻，為免使髮油沾染衣領，乃用雲肩加墊在領外，使得雲肩的使用更為普遍。雲肩後來演變為傳統戲曲中旦角的劇服。

清・禹之鼎「女樂圖」　三位女士肩膀上所披戴的即是雲肩。為一般婦女肩上的裝飾品。從畫內可以看出精美造型的鏤空雲肩，為服裝穿著帶來畫龍點睛的功用。相同的衣裳配以不同的雲肩，會創造出多種款式服裝的錯覺。

清朝彩繡的雲肩　此雲肩為三角形的輪廓線，繡有大量的圖紋且色彩豔麗，外圍有珠飾與大量的深色流蘇。圓形的領圍線，前中心用布釦扣合。

民國初期的四合如意雲紋的雲肩　此雲肩有四組雲形的刺繡。領圍的部分有十六片蓮花瓣，以金屬釦扣合。雲肩的下緣四周有三層的半圓形珠飾，前後共有四條劍帶。每條劍帶上縫有數枚小圓形鏡片，劍帶上也縫有刺繡與織帶，尾端也有網狀珠飾，並附有流蘇。

內　衣

抹　胸

內衣即一般所說的「褻衣」，為貼身之服。早在先秦時期即有穿內衣的習慣，一般稱為紲（ㄒㄧㄝˋ）袢（ㄈㄢˋ）。紲袢以可吸汗的細葛布製成，於夏季貼身穿著。漢代稱內衣為汗衫或汗衣，此外也有衵（ㄋㄧˋ）服（或腹）、袙（ㄆㄚˋ）腹（或複）、袹（ㄇㄛˋ）腹、抱腹或心衣等名稱，都是指覆蓋於胸前的貼身小衣，與後世的肚兜近似，王筠《行路難》：「裲襠雙心共一袜，衵複兩邊作八襊」。如衵複是橫裹在腹部的布帛，或在衵複上下端綴以帶子綁縛住，上面帶子繫結於頸項，下面帶子繫結於背部者稱為抱腹。而在抱腹上施加兩肩帶則為心衣，但穿著此類內衣，是僅有前片衣料，後背是袒裸的。另外也有做成背心式的內衣，如「兩當」、「反閉」等名稱。唐代婦女也稱內衣為訶子。

唐末五代及宋明以後的內衣稱為「抹胸」，男女皆穿，

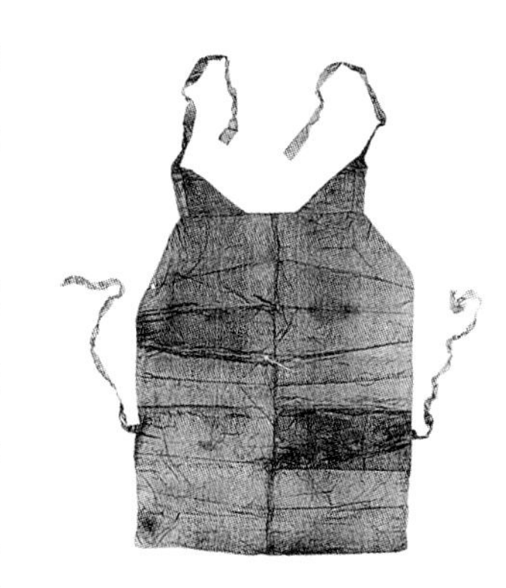

南宋時期的抹胸　也稱為襴裙。為雙層的素色布料，在腰間與肩部處有繫帶。從衣服的長度約略可判斷出，這件抹胸可以遮蔽胸部與腹部。

因僅覆前胸、背部裸露，故名抹胸或袜肚。抹胸多以鮮豔的羅絹製作或刺繡裝飾，依季節之分有單夾或納有絮綿可禦寒。一般在抹胸的上端及腰部各綴有帛帶，以便繫結緊縛在前胸。明代又以刺繡紗綾等材質製作成背心式的內衣，則稱為「主腰」，有的還加上衣襟紐扣等設計，明秦徵蘭《天啟宮詞》：「瀉盡瓊漿藕葉中，主腰梳洗日輪紅」。

肚兜

明清男女也穿抹胸，但此時改稱為「肚兜」。肚兜的材質在夏季用紗，冬天用緞做成絲綿夾層。色彩以紅、黑、米、白等色為多，一般老年人用黑，年輕婦女用紅，並在肚兜上繡飾如意、花卉鳳鳥等精美圖紋。肚兜外觀多做成菱形或扇形，上端裁成水平形成五個角端，或下端裁成弧線形成四個角端。使用時在上端二角綴以帶子繫結於頸部，左右二角綴以帶子繫結於背部。

黑色底繡有色彩豐富的吉祥圖案與人物的肚兜　是嘉義地區早期的臺灣民間服飾。此款肚兜是扇形，領口與下襬為圓弧狀，腰間與單邊肩膀有金屬扣環。

明清婦女除了肚兜以外，還常穿的貼身內衣，有《紅樓夢》第九十一回中「寶蟾……穿了件片金邊琵琶襟小緊身」、《海上花列傳》第十六回中所提到的「捆身子」、《花月痕》第四十四回中所提到的「小坎肩」及民國初年的「小馬甲」等名稱。

羅襪繡鞋隨步沒

舄

舄ㄒㄧˋ是指雙層複底並專用於祭服的鞋子。穿舄的制度始於商周時期，因祭典朝會多在室外舉行，為防潮濕泥濘，於是在鞋底再加上厚木片，故舄的鞋底為複底。漢魏時期繼續沿用，南北朝時不用木製鞋底而改用雙層皮製鞋底。此後隋唐宋明歷代因襲使用，直至清代祭祀改用靴子，舄的制度才被廢除。

舄具有三種附飾，即絇、繶、純。絇是舄頭上的翹頭裝飾，外形似鼻狀物。繶為舄與舄底之間銜接處的絲狀緣邊，用絲帶緄條繞鞋一圈壓在接縫上。純為舄口緣邊的緄邊，這三種舄飾與舄本身的

穿著正式舄的晉武帝　在古代的各種鞋類中，就屬舄最為貴重。因為是帝王后妃與公卿百官在重要典禮場合時所穿的特殊鞋子。

清順治皇帝畫像　畫內順治皇帝穿著正式的朝服，腳上所穿即是緞質的舄靴，鞋面為黑色而有白色的鞋底。緞舄只在穿著緞質的服裝時才能搭配穿用，基本上為王公貴族在正式場合所穿著的。

顏色是採取繢次色（對位色）的用色標準。貴族男女皆可穿舄，以顏色作為區別，並與衣裳相配。如玄衣配玄舄、纁裳配赤舄，此外還有金舄、黑舄、白舄、青舄等。

屨

屨是指單層鞋底並專用於朝服的鞋子。屨與舄並稱，為漢代以前對鞋子的總稱。因多用於室內，故屨為單底。屨的附飾與舄同，也有三種附飾，絇、繶、純。但屨飾與屨的顏色卻採取繡次色（順位色）的用色方法。

屨與舄的製材相同，夏季多用葛藤或麻，冬季用皮革。因此用葛草編成的稱為葛屨，用藤編結而成的稱為藤屨，用獸皮製成的稱皮屨，用絲帛製成的稱絲屨，不加彩飾的稱素屨等。

履

秦漢以後稱鞋子為「履」，為單層的鞋底。履的製材也很多，如漢代的絲履、帛履及錦履等，如《玉臺新詠・孔雀東南飛》中云：「足下躡絲履，頭上玳瑁光」。此外，還有木

西漢時期的岐頭絲履鞋　為當時婦女的鞋款之一。履面用青絲編成，鞋底是麻線所編織。履可以麻、絲、緞、綾、綢等布料材質製成，而絲履多半為富貴人家所穿用。

履、草履、芒履、屝ㄈㄟˋ履、毡履、革履、烏皮履等。若在履上加以織繡花鳥圖紋稱為文履、五色履、鴛鴦履、蝴蝶履，履上綴有珠飾者稱為珠履。

古代的鞋頭（設計）有很多的造型變化，如漢代以前的圓履（圓頭履）、方履和漢代的岐頭履。魏、晉、隋、唐時的重臺履、笏頭履、平頭履、高頭履、五朵履、百合履等變化。

木 屐

在鞋底裝有木齒的稱為屐，或稱為木屐。相傳最早出現於春秋時代，至東漢以後，男女皆盛行穿屐，隋唐以後漸退流行，宋明時期多作為雨鞋。

連齒木屐　木屐下有墊高的小木條，可以說是古代的「高跟鞋」。屐面上通常會有繫綁的繩帶，用來固定在腳上。

屐的鞋底前後各有一齒，成直豎形狀，因屐齒較高，故適宜行走在泥濘或青苔的山路。屐的鞋底是木料，但鞋面則有帛、麻、布、皮等各種製材。也有在木屐上加飾彩色漆畫，如漢代的漆畫屐，或唐代將屐齒塗以金色稱為金齒屐，李白〈浣紗石上女〉：「一雙金齒屐，兩足白如霜」。

靴

靴原為「韡」。韡最早是北方少數民族用於騎射的長筒鞋。戰國時期的趙武靈王引用胡服，因而韡被廣為使用。至魏晉南北朝時期，鞾多用於軍旅騎乘。隋唐時期鞾作為百官的朝服或常服所用，有烏皮鞾、六合鞾，此外唐代還盛行錦靴、蠻靴、舞靴、線靴、長靿ㄧㄠˋ靴等，杜牧〈留贈〉：「舞靴應任閑人看，笑臉還須待我開」。在宋、元、明時期，靴以黑革或皂帛製作的稱為皂靴，被訂為官吏的公服，此外還有朝靴、方靴、尖靴等。清代的朝服皆使用朝靴，另盛行官靴、緞靴、薄底快靴等。

清朝康熙年間的朝靴　靴筒上有黃色如意紋，搭配寶藍色的靴面與靴口邊飾，且有壽字的紋路。靴筒前方還有珊瑚的小珠飾。

初期的鞾以皮革製成，有羊皮靴、牛皮靴、鹿皮靴、麂靴等。除皮革外也採用錦、綢、黑緞為製材，或以油絹製成具有防水功能的靴子。

弓　鞋

從五代末期開始纏足在婦女之間逐漸成為流行時尚，不過只有富貴人家的婦女才有纏足的習慣，低賤的婢女、丫鬟因為要工作所以不能纏足。纏足出現的說法之一是南唐的李煜編了金蓮舞的舞蹈，跳舞的舞者都纏腳，婀娜多姿的舞蹈體態引發宮女們的喜愛，因而群起效仿所以才開始了纏足的風氣。

要纏足的小女孩通常在五到八歲之間就要開始纏，通常是由媽媽或是很有經驗的婢女來執行。她們會用一條大約五尺長二寸寬的布條將腳裹住，並用針線縫好固定，在發育中的腳會因為被纏住而疼痛，甚至於流血，於是有「小腳一雙、眼淚一缸」的說法。由於

清末纏足婦女的三寸金蓮鞋　鮮豔的色彩，繡有精美細緻的花紋圖案。中國婦女的纏足文化從五代末年到清朝末年，幾乎是歷經一千年的時光，任何的時尚經過如此長久的流行，姑且不論其背後的社會文化意識，實在是件不容易的事。

古人很少洗澡，裹好布條後的腳也很少洗，因此，便有「老太婆的裹腳布，又臭又長」的諺語。而「三寸金蓮」就是在形容纏足後的小腳。

纏足婦女所穿的小腳彎底鞋稱為「弓鞋」，朱有燉〈元宮詞〉：「帘前三寸弓鞋露，知是嬝嬝小姐來」。此種鞋子有四項特點，「小」——纏足以尺寸纖小為貴；「尖」——鞋頭崇尚尖瘦；「彎」——鞋底內凹如彎弓；「高」——鞋底襯有木製高跟。至宋、明時期，婦女仍盛行纏足穿弓鞋，並在弓鞋鞋面上加飾刺繡圖紋或綴飾珠玉，款式有尖頭鞋、高底鞋、鳳嘴鞋等。或在鞋頭以獸頭造型的虎頭鞋、鳳頭鞋等。清代的漢族婦女仍採行纏足穿弓鞋。

旗　鞋

清朝的漢族婦女仍然有纏足穿弓鞋的習慣；而滿族婦女則穿「旗鞋」。因鞋子底部的中央用木料襯底，上寬下圓形如花盆，故俗稱「花盆鞋」。鞋底的高度可高達十五到二十公分，所以穿上花盆鞋的滿族

清代旗鞋　可謂現代厚底高跟鞋的古代版。除了在潮濕多雨的天氣，可保持腳部的乾燥外，更可表現穿著者行走時搖曳生姿、我見猶憐的儀態。

婦女，走起路來搖曳生姿與漢族婦女裹小腳有異曲同工之妙。旗鞋的鞋面多用綢緞，再施五彩刺繡，鞋底袜以白綾或塗以白粉。

襪

襪亦是「韤」、「韈」。依據古代習俗襪也是履，可直接踩在地面，非現在的襪子須穿在鞋內，因此最初韤是用皮革製成。

秦漢時期，襪的製材改用麻、羅、絹、錦等布帛織物才稱為「襪」，有布襪、絹襪、羅襪、綾襪、錦襪、絨襪、綿襪、紵襪、毡襪、皮襪等。或祭服所使用的青襪、絳襪、白襪等，陸游〈成都行〉提到：「月浸羅襪清夜徂，滿身花影醉索扶」。

東漢時期的錦襪　以紅色為底所編織的錦襪，除繁複細緻的圖紋外，更編入「延年益壽宜子孫」的漢字，並在襪口織有一圈金色的邊飾，華麗感自是不在話下。

結　語

在中國距今一萬年前開始的新石器時代，著名的文化遺址有黃河流域的「彩陶文化」與晚期的「黑陶文化」，長江流域的「河姆渡文化」與「良渚文化」。除了出土陶器與玉器之外，更包括絲織品、石紡輪、木機刀與麻織物等。可以知道早在新石器時代，先民已從紡紗技術的腰掛機發展到有骨架的織機出現。同時衣服也由原始的獸皮衣進展到使用動、植物纖維做成的絲、麻衣物。琢磨玉器的工藝技巧也高度發展，有著各種玉飾、禮器或瑞器（如：玉璧、玉琮）。

到了商朝，從殷墟出土的甲骨文中有關紡織的文字有「蠶、桑、絲、裘」等，可以推斷服裝材料的種類，由「帛」字能更進一步了解當時的紡織技術，而由「衣、巾」等字可判斷有不同的服裝款式。同時，商朝也是高度發展的階級社會，採行封建制度，分為王室、諸侯、百官、庶民與奴隸。因此，從出土的石刻玉器及陶、銅的雕刻實物裡，可以看到貴族、奴隸、男性與女性不同的穿著形象。所以，中國維持三、四千年的服飾、冠冕制度，可以說是從商朝開始建立的。

周朝的文化制度都承襲商朝，在封建政策的引導下社會階級劃分的制度更趨於完備，更有「士」的階級出現，其地位介於貴族與平民之間。周朝以禮治國，除了個人立身處世的規範之外，服飾也被納入維護封建社會與宗法制度的禮儀規範中。「服以旌禮」是要求按禮穿衣、階級有序、貴賤有別，由此可知禮儀與階級貴賤是周朝冠服制度的實施特徵，所以從周朝開始中國的冠服制度是需要依照律法規章來實行的。

東周戰國時期，中國服飾第一次的大變革為趙武靈王（西元前340～前 295 年）。當時趙國四周有強國包圍，更有相鄰的游牧民族騎兵騷擾，瀕臨滅亡之際，趙武靈王力排眾議，實行軍事改革，並且採用「胡服騎射」的制度。武靈王率先穿上胡服，並下令將軍、大夫都穿胡服，更模仿匈奴的騎兵戰術。《史記》中記載武靈王曾經以「先王不同俗，何古之法？帝王不相襲，何禮之循？」「法度制令各順其宜，衣服器械各便其用。」來說明他對服飾變革的見解。武靈王認為習俗因為時、地、人、事、物的變化，在制定制度時需要因應時空的轉移，訂定實用合宜的規章。

從此以後，中國的冠服制度隨著改朝換代、文明的精進、更完善的社會典章制度與外族的融合，發展出自成一格的中華服飾。有趣的是，追求流行而瘦身的愛美女性，不是當今社會的產物。早在兩千多年前春秋戰國時期的楚國，根據《韓非子》的記載：「楚靈王好細腰，而國中多餓人。」顯然藉著苗條的身段，以穿著符合時尚款式的服裝，似乎是千古的流傳之一。

對絕大多數的西方人而言，與不甚了解中華服飾的中國人來說，中國服裝從孔老夫子的袍服到清朝末年的服裝，似乎是沒有更動的一成不變。中國服裝並非萬年一式，而是相較於西方古希臘、羅馬時期的袍狀服裝，到十九世紀末期的束腹、大圓蓬蓬裙，在變化上沒有那麼戲劇化而已。同時，對中國服裝最大的誤解莫過於「認為」是穿著龍袍的皇帝、薙髮留著長辮子的男性、裹著小腳行動不便的女人。確實，中國服裝的發展有這樣的一小部分，然而更大一部分、更有趣的卻較不為外人所了解。例如，唐朝仕女們誇張、高聳、豔麗的髮型，低胸、透明紗質布料、寬大的衣衫，其大膽、外放的穿著打扮絕對不會輸給法國路易十六世時的瑪麗安東妮皇后。

早在十一世紀西方首度打開東西雙方的文化交流，到十三世紀初蒙古成吉思汗崛起，建立橫跨歐亞大陸的龐大帝國時，中國與西方的服飾正式開始互相影響。而在十三世紀中葉馬可波羅東遊中國之後，兩方的交流互動更為頻繁。歐洲國家接受中國的絲織品、陶瓷、香料，中國也有了木製器械、麻織物與其他原料。中國袍狀的服裝款式、特有的布料顏色、刺繡圖紋也成為西方服飾的一部分。隨著時代的演進，在現代化的過程裡，中國服飾也接受西方的款式、穿著打扮的方法。如果地球上存在著所謂「天下為公、世界大同」的情境時，也許現今世上的流行服裝可以當之無愧。因為，在地球村的概念、跨國企業的推波助瀾、電腦網路同步且即時的資訊交流下，「大大相同」已經不是問題，而我們的疑慮是在一片同質化中，如何延續並保有中國服裝的獨特性。

圖片來源

頁 4　出土於河北北京周口店。
頁 6　出土於河南安陽婦好墓，中國社會科學院考古研究所藏。
頁 10 左　採自〈三禮圖〉《四庫全書》。
頁 10 右　採自《三才圖會》。
頁 11 上　採自〈三禮圖〉《四庫全書》。
頁 12 左　出土於河北易縣燕下都戰國遺址，河北省文物研究所藏。
頁 12 右　出土於河北平山，河北省文物研究所藏。
頁 13　出土於湖南長沙子彈庫楚墓。
頁 15　臺北故宮博物院藏。
頁 16　出土於陝西臨潼焦家村。
頁 17　出土於陝西臨潼秦始皇陵一號兵馬俑坑。
頁 18　出土於陝西臨潼秦始皇陵一號兵馬俑坑。
頁 19　出土於湖南長沙馬王堆一號漢墓。
頁 20　出土於湖南長沙馬王堆一號漢墓。
頁 21　出土於陝西西安洪慶村。
頁 23　加拿大多倫多皇家博物館藏。
頁 24　出土於南京江寧西善橋。
頁 25　出土於南京江寧西善橋，南京博物館藏。
頁 26　北京故宮博物院藏。
頁 28　臺北故宮博物院藏。
頁 29　陝西乾縣懿德太子墓壁畫。
頁 30　美國波士頓博物館藏。
頁 31　遼寧省博物館藏。
頁 32　北京故宮博物院藏。
頁 33　甘肅榆林窟壁畫。
頁 35　臺北故宮博物院藏。
頁 37　臺北故宮博物院藏。
頁 38 左　北京故宮博物院藏。
頁 38 右　臺北故宮博物院藏。
頁 39 左　臺北故宮博物院藏。
頁 39 右　出土於陝西賀氏墓。
頁 41　臺北故宮博物院藏。
頁 42 左　臺北故宮博物院藏。
頁 42 右　出土於上海松江明諸純臣墓。
頁 43　浙江省博物館藏。
頁 45　天津博物館藏。
頁 47　北京故宮博物院藏。
頁 48　北京故宮博物院藏。
頁 49　北京故宮博物院藏。
頁 50　英 M. Miller 於 1861～1864 年間攝。
頁 51　出自《老照片》，江蘇美術出版社，頁 44。
頁 52　英 M. Miller 於 1861～1864 年間攝。
頁 54　出自《中國歷代帝王名臣像真跡》，河

北美術出版社。
頁 56 左上　臺北故宮博物院藏。
頁 56 左下　出土於江蘇揚州明秀才火金墓。
頁 57 左　南京博物院藏。
頁 57 右　山西洪洞廣勝寺內明應王殿壁畫。
頁 59 左　出土於江蘇徐州，江蘇徐州市博物館藏。
頁 59 右　出土於陝西咸陽楊家灣。
頁 61　北京故宮博物院藏。
頁 62 上　臺北故宮博物院藏。
頁 62 下　臺北故宮博物院藏。
頁 64　出土於陝西咸陽邊防村。
頁 65　出土於上海肇家濱明潘允徵墓。
頁 67 左　上海博物館藏。
頁 67 右　出土於新疆吐魯番阿斯塔那唐墓。
頁 68 左　出土於湖南長沙馬王堆一號漢墓。
頁 68 中　山西臨汾市博物館藏。
頁 69 上　臺北故宮博物院藏。
頁 69 下　臺北故宮博物院藏。
頁 70 左　臺北故宮博物院藏。
頁 70 右　出土於北京明定陵。
頁 71　出土於山東鄒縣明朱檀墓。
頁 72　臺北故宮博物院藏。
頁 75　出土於河南安陽殷墟。
頁 76　臺北故宮博物院藏。
頁 77　出土於陝西西安任家坡西漢墓。
頁 78 左　河南鄧縣南北朝墓壁畫。
頁 78 右　出土於湖南長沙嘉湖唐墓。
頁 79 左上　美國納爾遜藝術博物館藏。
頁 79 右上　出土於新疆吐魯番吐峪溝。
頁 79 左下　山西太原晉祠聖母殿。
頁 80 左　英 M. Miller 於 1861～1864 年間攝。
頁 81 下　北京故宮博物院藏。
頁 82　出土於河南安陽殷墟。
頁 83 上　實踐大學服飾博物館藏。
頁 83 下　實踐大學服飾博物館藏。
頁 84 上　出土於安徽合肥西郊五代墓。
頁 84 下　出土於山東寧陽大汶口遺址。
頁 85 左　出土於湖北江陵雨臺山第八四號楚墓。
頁 85 右　出土於江蘇揚州三元路唐代遺址。
頁 87 左　出土於四川成都永豐東漢墓。
頁 88 左　敦煌莫高窟 61 窟壁畫。
頁 88 右　北京故宮博物院藏。
頁 89 上　出土於山東沂南東漢墓畫像磚。
頁 89 左下　出土於湖南長沙五一路漢墓。
頁 89 右下　出土於陝西西安玉祥門隋墓。
頁 95　出土於江蘇蘇州市郊元墓。
頁 96　美國納爾遜藝術博物館藏。
頁 97 左上　遼寧省博物館藏。
頁 97 右上　出土於江蘇金壇南宋周禹墓。
頁 97 下　出土於福建福州市郊南宋黃昇墓。
頁 99 左　山西太原晉祠聖母殿。
頁 99 右　出土於陝西咸陽楊家灣。
頁 100 左　實踐大學服飾博物館藏。
頁 100 右　國立歷史博物館藏。

頁 101　出土於湖南長沙馬王堆一號漢墓。
頁 103　出土於湖南長沙馬王堆一號漢墓。
頁 104 左　出土於新疆吐魯番阿斯塔那一八七號唐墓。
頁 104 右　出土於陝西咸陽邊防村。
頁 105　臺北故宮博物院藏。
頁 106　臺北故宮博物院藏。
頁 107　北京故宮博物院藏。
頁 109　北京故宮博物院藏。
頁 110　出土於湖南長沙馬王堆一號漢墓。
頁 111　美國波士頓博物館藏。
頁 112 左　實踐大學服飾博物館藏。
頁 112 右　實踐大學服飾博物館藏。
頁 113　出土於福建福州市郊南宋黃昇墓。
頁 114 左　出土於北京明定陵。
頁 114 右　實踐大學服飾博物館藏。
頁 115 左　美國波士頓美術館藏。
頁 115 右　出土於北京明定陵。
頁 119　美國波士頓美術館藏。
頁 123 左　出土於新疆吐魯番阿斯塔那張禮臣墓。
頁 123 右　出土於陝西西安曲江池元墓。
頁 124 左　出土於福建福州市郊南宋黃昇墓。
頁 124 右　北京故宮博物院藏。
頁 125 左　北京故宮博物院藏。
頁 127　出土於陝西禮泉唐鄭仁泰墓。
頁 129 右上　出土於福建福州市郊南宋黃昇墓。
頁 129 左下　北京故宮博物院藏。
頁 129 右下　實踐大學服飾博物館藏。
頁 130　出土於陝西西安中堡村，陝西省博物館藏。
頁 131 左　遼寧省博物館藏。
頁 132 左　出自《岐陽世家文物圖像冊》。
頁 133　南京博物院藏。
頁 134 下　實踐大學服飾博物館藏。
頁 135　出土於福建福州市郊南宋黃昇墓。
頁 138 左　美國波士頓美術館藏。
頁 138 右　北京故宮博物院藏。
頁 139　出土於湖南長沙馬王堆一號漢墓。
頁 140　出土於江西南昌東吳高榮夫婦墓。
頁 141　北京故宮博物院藏。
頁 142　實踐大學服飾博物館藏。
頁 143 上　北京故宮博物院藏。
頁 143 下　出土於新疆民豐大沙漠一號東漢墓。

文明叢書 11

奢侈的女人——明清時期江南婦女的消費文化

巫仁恕／著

「女人的錢最好賺。」這句話雖然有貶損的意味，但也代表女人消費能力之強。明清時期的江南婦女，經濟能力大為提升，生活不再只是柴米油鹽，開始追求起時尚品味。要穿最流行華麗的服裝，要吃最精緻可口的美食，要遊山玩水。本書帶您瞧瞧她們究竟過著怎樣的生活？

文明叢書 12

文明世界的魔法師——宋代的巫覡與巫術

王章偉／著

《哈利波特》、《魔戒》熱潮席捲全球，充滿奇幻色彩的巫術，打破過去對女巫黑袍掃帚、勾鼻老太婆的陰森印象。在宋代，中國也有一群從事巫術的男覡女巫，他們是什麼人？他們做什麼？「消災解厄」還是「殺人祭鬼」？他們是文明世界的魔法師！

文明叢書 13

解構鄭成功——英雄、神話與形象的歷史

江仁傑／著

海盜頭子、民族英雄、孤臣孽子、還是一方之霸？鄭成功到底是誰？鄭成功是民族英雄、地方梟雄、還是不得志的人臣？同一個人物卻因為解讀者（政府）的需要，而有不同的歷史定位。且看清廷、日本、臺灣、中共如何「消費」鄭成功！

文明叢書 14

染血的山谷——日治時期的噍吧哖事件

康　豹／著

噍吧哖事件，是日治初期轟動一時的宗教反抗，震驚海內外。信徒憑著赤身肉體和落後的武器，與日本的長槍巨砲硬拼，宛如「雞蛋碰石頭」。金剛不壞之身頂得住機關槍和大砲嗎？臺灣的白蓮教——噍吧哖事件。

文明叢書 15

華盛頓在中國——製作「國父」

潘光哲／著

「國父」是怎麼來的？是選舉、眾望所歸，還是後人封的？是誰決定讓何人可以登上「國父」之位？美國國父華盛頓的故事，在中國流傳，被譽為「異國堯舜」，因此中國也創造了一位「國父」——孫中山，「中國華盛頓」。

文明叢書 16

生津解渴——中國茶葉的全球化

陳慈玉／著

大家知道嗎?原來喝茶習慣是源於中國的，待茶葉行銷全球後，各地逐漸衍生出各式各樣的飲茶文化，尤其以英國的紅茶文化為代表，使得喝茶成為了一種生活風尚，飄溢著布爾喬亞氣息，並伴隨茶葉貿易的發展，整個世界局勢為之牽動。「茶」與人民生活型態、世界歷史的發展如此相互牽連，讓我們品茗好茶的同時，也一同進入這「茶」的歷史吧!